成本会计学原理与核算方法研究

李新来　著

中国纺织出版社

内容提要

本书在理论与实践相结合的基础上，对成本会计学的核心理论与核算方法展开系统性的分析研究。书中主要包括成本会计学核心理论分析、企业生产经营成本核算、产品成本核算的基本方法及其应用（品种法、分批法、分步法等）、产品成本核算的辅助方法及其应用（分类法、定额法、标准成本法、作业成本法等）、企业成本报表的编制及成本分析、碳减排成本核算方法及案例分析等内容。其中，本书不乏对一些前沿问题（质量成本、环境成本等）的分析讨论，同时针对当前环境形势，特加入了碳减排成本核算方法及案例分析。

图书在版编目（CIP）数据

成本会计学原理与核算方法研究 / 李新来著. -- 北京：中国纺织出版社，2018. 4
ISBN 978 - 7 - 5180 - 2631 - 9

Ⅰ. ①成… Ⅱ. ①李… Ⅲ. ①成本会计 - 研究
Ⅳ. ①F234. 2

中国版本图书馆 CIP 数据核字（2016）第 112537 号

责任编辑：武洋洋　　　　责任印制：储志伟

中国纺织出版社出版发行
地址：北京市朝阳区百子湾东里 A407 号楼　邮政编码：100124
销售电话：010 - 67004422　传真：010 - 87155801
http：//www. c - textilep. com
E - mail：faxing@ e - textilep. com
中国纺织出版社天猫旗舰店
官方微博 http：//www. weibo. com/2119887771
虎彩印艺股份有限公司印制　各地新华书店经销
2018 年 4 月第 1 版第 1 次印刷
开本：710 × 1000　1/16　印张：11. 625
字数：208 千字　定价：58. 00 元

凡购本书，如有缺页、倒页、脱页，由本社图书营销中心调换

前 言

世界著名的成本会计学家查尔斯·霍恩格伦（Charles T. Horngren）在其著名的《成本会计》一书开头曾说道："在任何一个成功的组织里，从一个最小的店铺到最大的跨国公司，都需要成本会计的概念与实务。"任何一个公司或企业在创造价值的过程中，不可避免的会涉及成本的发生和形成，并且其经营管理各个方面的工作业绩都可以直接或间接地从成本上反映出来。成本会计作为会计的重要组成部分，是会计和管理结合的重要产物，它可以为公司或企业的财务报表提供成本费用数据，从而提高其内部成本管理水平。

成本会计学以成本核算为基本内容，随着经济的发展和演变，成本会计的内容还在不断扩展。就现代成本会计来说，其内容可以分为成本信息生成和成本信息再加工两大部分，本书即按照这一逻辑进行内容的构建。本书共分六章，第一章主要对成本会计的核心理论进行了概述，主要包括成本的概念、成本会计的起源、发展、对象、职能和任务等。第二章主要对企业生产经营成本核算进行了深入而详细的分析、探讨。第三章和第四章主要对成本核算的方法与辅助方法进行了全面论述，并举例分析。第五章主要涉及成本报表的编制及数据分析。第六章举例探讨了碳减排成本核算方法，主要包括世界碳减排成本估算方法及政策规制、行业碳减排理论与模型、基于节能技术综合成本估算模型的碳减排成本估算实践分析等。

本书在编写过程中，力图将内容体系的逻辑性、完整性与实用性相结合，做到条理清晰，内容丰富，论述全面而重点突出，语言严谨而朴实，紧紧围绕学科本质问题进行了深入而全面的探讨，通过举例说明使理论与实践相联系。

本书在参考大量文献的基础上，结合作者多年的教学与研究经验撰写而成。在本书的撰写过程中，得到了许多专家学者的帮助，同时参考了许多相关的文献，在这里表示真诚的感谢。同时，限于水平，虽经多次细心修改，书中仍然不免有疏漏与不足之处，恳请广大读者批评指正。

作 者

2017 年 10 月

目　录

第一章　成本会计学核心理论概述

本章主要从成本的内涵和作用，成本会计的起源和发展，成本会计的对象、职能和任务，成本会计的工作组织四个方面来阐述成本会计学核心理论。其中成本会计的起源和发展分为成本会计早期起源阶段、近代发展阶段和现代成本会计阶段三个阶段。

第一节　成本的内涵和作用

成本作为一个价值范畴，在社会主义市场经济中是客观存在的。加强成本管理，努力降低成本，无论对提高企业经济效益，还是对提高整个国民经济的宏观经济效益，都是极为重要的。而要做好成本管理工作就必须首先从理论上充分认识成本的含义。

一、成本的内涵

（一）广义成本与狭义成本概念

成本内涵有广义和狭义之分，下面介绍广义成本和狭义成本。

1. 广义成本泛指所有耗费

关于广义成本的表述有很多种，其中比较有代表性的定义如下。

美国会计学会（AAA）所属的成本概念与标准委员会 1951 年对成本的定义为：“成本是指为了实现特定目的而发生或应发生的可以用货币度量的价值牺牲。”

美国会计师协会（AICPA）1957 年发布的《第 4 号会计名词公报》对成本的定义为：“成本是指为获取资产或劳务而支付的现金或以货币衡量的转移其他资产、发行股票、提供劳务、承诺债务的数额。”

美国财务会计准则委员会 1980 年发布的《第 3 号财务会计概念公告》对对成本的定义为：“成本是指经济活动中发生的价值牺牲，即为了消费、储蓄、交换、生产等所放弃的资源。”

上述定义是对成本非常宽泛、广义的界定，泛指为达到一定目的而发生的资源耗费，甚至包括了投资活动。

2. 狭义成本专指对象化的耗费

对象化的耗费，也就是分配到成本计算对象上的耗费。

成本计算对象是分配成本的客体。举个例子，我们计算产品成本的时候，需要将资源耗费分配给不同的产品，这时产品就是成本计算对象。产品是我们最熟悉也最为常见的成本计算对象，但是成本计算对象不仅仅限于产品。成本计算对象可以是你关心的、希望知道其成本数据的任何事物，如顾客、部门、项目、作业等。当你想知道为不同顾客发生的资源耗费时，就需要将成本分配给不同的顾客，这时的成本计算对象就是顾客；当你想知道不同部门的资源耗费时，就需要将成本分配到不同的部门，这时部门也就成了成本计算对象。当你想知道不同项目所耗费的资源时，就需要将成本分配给不同的项目，这时项目就成了成本计算对象。简单地说，你想知道谁的成本，谁就可以成为成本计算对象。成本计算对象是成本会计中一个非常简单却十分重要的概念。随着成本计算对象的不断丰富，成本会计的应用领域也越来越宽。当我们只将产品作为成本计算对象时，只能计算出产品成本，成本信息是有限的，依据成本信息只能进行产品盈利性分析等有限的管理活动。当我们将顾客、部门、项目、作业等作为成本计算对象时，可以得到不同顾客、部门、项目和作业等的成本，这些丰富的成本信息可以为多种管理提供支持，比如顾客盈利性分析、部门业绩评价、项目评估、流程设计等。本书重点讲述产品成本的核算，因此涉及的成本计算对象主要是产品。

本书涉及的范围除产品成本之外，还包括期间费用，但不涵盖投资活动。因此，本书所讲述的成本介于上述狭义成本和广义成本之间。

（二）成本的内涵

由于本书研究的范围和担负的任务有限，下面我们仅从企业日常生产经营管理活动出发，以马克思有关商品成本的论述为理论基础，来探讨成本的内涵。马克思政治经济学中对商品成本的阐述如下。

马克思指出，按照资本主义方式生产的每一个商品的价值（W），用公式来表示是 $W=c+v+m$。如果我们从这个商品价值中减去剩余价值 m，那么，在商品价值中剩下的就只是一个在生产要素上耗费的资本价值（$c+v$）的等价物或补偿价值，只是补偿商品使资本家自身耗费的部分。对资本家来说，这就是商品的成本价格。马克思在这里称为商品的“成本价格”的那部分商品价值，指的就是商品成本。

二、成本的作用

管理大师彼得·德鲁克曾说过："在企业内部，只有成本。"可见成本对企业内部管理的重要作用。

（一）成本是补偿生产经营耗费的尺度

企业生产经营过程中，难免会产生各种各样的耗费，而这些耗费就需要通过销售收入来补偿。成本就是衡量这一份额大小的尺度。只有对生产过程中的耗费进行补偿，企业才能够顺利经营下去。成本的耗费与企业利润是成反比的，也就是说，在销售收入一定的情况下，成本越低，企业获得利润就越多。因此，成本是补偿生产经营耗费的尺度。

（二）成本是制定产品价格的一项重要因素

在商品经济中，产品价格是产品价值的货币表现。因此，产品价格的制定应大体符合价值。但现阶段我们还不能采取方法直接计算产品价值，而只能通过成本来间接反映价值，并对产品价值有一个基本的掌握。所以，成本是制定价格的一个重要因素。

虽然成本是制定价格的重要因素，但是，其实影响产品定价的因素有很多，国家的价格与经济政策、各产品的比价关系、产品的供求关系以及市场竞争情况都会对产品定价造成影响。

（三）成本是企业进行诸多决策的重要依据

在社会市场经济条件下，企业需要努力提高市场竞争力和经济效益，而企业要做到这一点，在市场经济条件下很好地生存发展下去，第一步就是要做好生产经营决策。而要做好经营决策就要对产品相关的诸多因素进行考虑，在这其中就包括成本这一很重要的因素。企业的很多决策都需要用到不同的成本数据，如生产何种新产品的决策、亏损产品是否停产的决策、自制还是外购的决策、特殊订单决策、产品组合决策、最优生产批量决策、生产工艺决策、赶工决策以及供销商选择决策等。

第二节　成本会计的起源与发展

一、成本会计的起源和发展

大多数学者认为，1880～1920年是成本会计奠基期，随着社会经济发展，成本会计先后经历了早期起源阶段、近代发展阶段和现代成本会计三个阶段，才逐步成熟完善起来。

（一）早期起源阶段（1880—1920年）

成本会计在英国起源。19世纪30年代末，英国首先完成了产业革命，后来，其他欧洲各国也完成了产业革命。产业革命使得资本主义生产力得到极大的发展。各企业开始重视生产成本，起初，英国会计人员只是用统计的方法来计算成本，随着企业对成本会计的要求越来越高，他们开始将复式薄记与成本会计相结合，从而形成了早期成本会计。这个时期的成本会计也被称为“记录型成本会计”。其主要有以下特征：

1. 建立材料核算和管理办法

如建立材料管理的“永续盘存制”，按先进先出法计算材料耗用成本，采取领料单制度控制材料耗用量，设立材料账户和材料卡片。

2. 建立工时记录和人工成本计算方法

采用这种方法时需要让工人使用卡片，每天登记自己的完工产量和人工作时间；为控制和正确计算成本，先将人工成本按部门分集，在分配给各种产品。

3. 确立间接制造费用的分配

确立间接制造费用的分配就是指将间接制造费用也计入成本。随着工厂制度的建立，越来越多的工厂开始使用生产设备来生产产品。那么，各个企业的间接制造费用也就多了起来。在这样的经济背景下，成本会计开始将间接制造费用也计入成本之中。

4. 采用分批成本计算法或分步成本计算法

制造业根据生产特点，采用分步成本计算法或分批成本计算法来计算成本。1750年，在《会计人员或簿记方法》中，英国人J. 多德森（J. Dodson）介绍了成本计算的分批法。1777年，英国的汤姆逊（W. Thompson）在计算亚麻制袜成本时，分别记录了不同步骤的消耗，使用了简单的分步成本计算法。

5. 成本会计著作纷纷出版

1885年，由H. 梅特尔夫编写的《制造成本》一书出版；1887年，英国电力工程师E. 加克和会计师J. M. 费尔斯合著的《工厂会计》问世。这两本书被业内专业人士公认为是19世纪最有影响力的成本会计专著。

6. 建立成本会计组织

1919年，全国成本会计师联合会和成本管理会计师协会相继在美国和英国成立。这些成本会计组织在成立后展开了一系列成本方面的工作。

（二）近代发展阶段（1921—1945 年）

1885～1920 年科学管理运动的兴起是成本会计发展的一个极大促进和转折。1880 年泰勒对工人的操作方法和时间进行了研究和分析，并在此基础上形成“泰勒制”的科学管理制度。泰勒通过劳动时间、操作方法甚至每个动作的研究，对生产和耗费进行标准化管理。这种标准化管理不仅能够节约时间和成本，还直接促使了标准成本思想的形成。在标准化管理的影响下，会计界开始认识到实际成本概念的缺陷，渐渐接受标准成本概念。例如，美国的哈林顿·埃默森将传统的成本会计法与新的成本会计法相区别，即传统成本法治是在工作完成后计算成本，而新的成本会计法是在工作开始前计算成本，这一区分成为建立标准成本制度的基础，在哈林顿·埃默森和其他学者的努力下，1925 年标准成本制度正式纳入复式簿记体系。

随着标准成本制度的完全确立，预算控制也逐渐完善和系统化了。预算控制的开始阶段，是采用固定预算方法。1928 年，美国一些会计师和工程师根据成本与产量的关系，提出将预算分为弹性预算和固定预算分别进行制定的方法。自此标准成本、预算控制和差异分析这些同泰勒标准化管理直接相联系的技术被引进到成本核算中，成本会计就由单纯核算型发展到管理控制型，此阶段为西方成本会计发展史的第二次革命。由此，成本计算方法和管理方法都有了明显的突破，成本会计不仅仅是事后计算产品的生产成本和销售成本，还向事中、事前发展；成本会计的内容也逐渐扩大到了成本预算和成本控制。

（三）现代成本会计阶段（1945 年以后）

第二次世界大战以后，科学技术迅猛发展，企业规模越来越大，跨国公司大量出现，经济危机频发，市场竞争愈发激烈。欧美等国企业管理当局为了增强其竞争力，十分重视内部工作效率，广泛推行智能管理与行为管理。而在这时，电子计算机、系统工程、运筹学等各种科学技术在成本中也得到了广泛应用。自此成本会计进入到以如何预测、决策和规划成本为重心，以管理为主的现代成本会计阶段。这一时期成本会计的主要特点如下。

1. 把成本的预测和决策放在重要地位

为达到主动控制成本的目的，现代成本会计越来越重视成本的预测和决策，并将二者放在重要地位。运用预测决策的理论和方法，建立起数量化的管理技术，对未来趋势做出科学的估计和测算；研究各种方案的可行性，选取最优方案，谋取企业的最佳效益，线性规划、概率等数学方法也日益渗透到成本会计领域。

2. 开展价值工程分析

美国通用电气公司采购部门的工程师劳伦斯·D. 迈尔斯根据其在采购工作中的经验，在1947年将一套在保证产品质量不变前提下降低产品成本的方法总结出来，并进行系统化。这种被称为“价值工程”和“价值分析”的方法，可以为企业节约大量成本，在20世纪50年代的美国企业开始得到广泛应用，并在西欧、日本等国得到迅速推广，在应用的过程中逐渐形成了完整的科学体系。

3. 实行目标成本管理

20世纪50年代，英国管理学家德鲁克提出目标管理理论，并随后得到应用。推行目标成本管理可以促使企业加强成本控制，发动企业全体员工人人关心成本，建立有效的成本控制系统，以促进企业不断降低成本。

4. 实行变动成本法

美国人乔纳森·N. 哈里斯发现，传统成本法下，企业会在全力生产而销量减少的情况下出现利润虚增；而在放松生产大力促销时却出现利润虚减。

于是，哈里斯主张将固定成本从总成本中分解出来，也就是把当期固定费用直接从销售收入中扣除，而只把变动的生产成本计入产品成本中。这种做法省去了固定成本的分配计算程序，减少了计算工作量，为企业进行预测和决策提供更为合理的基础，有利于企业内部业绩的合理评价。

（四）新经济与成本会计创新

1. 企业所面临的社会、经济、制造环境和客户需求发生巨变

进入20世纪80年代，人类社会经历了一次新的社会更替，信息化社会代替了工业化社会。建立在信息基础上的知识经济，给人类社会带来了方方面面的变化，企业所面临的变化包括：

（1）随着经济的不断发展和科学技术的不断进步、全球化信息网络和全球化市场的形成，企业间的竞争也由过去的局部竞争演变成全球范围内的竞争。另一方面，市场需求的不断变化和质量要求的不断提高，迫使企业缩短交货期、提高产品质量、降低产品成本。企业欲获取全球化的竞争优势，必须重视价值链两端的研发和营销，不断增强和发挥其核心竞争力。

（2）战略管理已经成为企业的灵魂。企业不仅要关注传统的内部的财务信息，更需要关注外部的客户、竞争对手、市场、供应商等战略信息。

（3）企业技术和管理的集成化趋势。新技术、新工艺的创新蔚然成

风，高科技被广泛应用于生产和经营管理，自动化和计算机化逐渐成为新制造环境的基本特征。通信、计算机网络、计算机辅助设计、计算机辅助制造、计算机辅助工艺、柔性制造、计算机集成制造等技术的应用，使企业将出现从量变到质变的突破。

（4）成本会计的技术手段和方法不断更新。在信息技术高高速发展的过程中，会计电算化正在或已经取代手工记账，这不仅使得成本计算更快捷、更准确，而且手工记账无法完成的业务运用技术手段也可以完成，这就为成本会计适应当代管理的更高要求提供了基础条件。

2. *崭新的成本会计方法涌现*

企业经营环境的巨变，新的管理方法、计算机技术和网络技术在企业管理中的广泛应用，促使许多新型的成本会计方法相继出现并应用于企业实践。

（1）作业成本法（Activity-Based-Costing System，ABC）。随着自动化程度的提高和资本有机构成的提高，直接人工成本和直接人工工时大大降低，而与工时无关的费用则大大增加。在这种生产和制造环境下，以单一分配标准分配间接费用，容易高估或低估产品成本。美国学者罗宾·库珀和罗伯特·卡普兰所创立的作业成本法，把作业消耗资源和产品消耗作业作为基本前提，以作业为核算对象，依据资源动因将资源成本分配到作业中心，再将作业中心的成本以作业动因为基础追踪到产品成本，从而计算出各种产品的总成本和单位成本。这种方法较传统成本计算方法更为精细，成本数据更加精确，对于正确经营决策，加强成本控制，降低产品成本都具有重要意义。作业成本法的基本思想为根据成本发生的因果关系，将资源耗费（尤其是间接费用）合理分配至产品或其他成本计算对象上，从而使产品成本信息更加真实、准确。

（2）适时制（Just-In Time，JIT）。指的是产品按顾客要求的时间交货，材料或部件按生产需要送达，即适时制生产系统。适时制在20世纪70年代由日本公司创立，随后在发达国家被广泛采纳，并产生了巨大的效果，消除了非生产时间和无效活动。由于适时制仅仅在需要完成顾客的订单时才去采购原材料与制造产品，因此，企业追求的是原材料、在制品及产成品的最小库存甚至是零存货管理。

（3）质量成本会计。JIT的"适时"必须和"全面质量管理"（Total Quality Management，TQM）同步进行。与传统质量管理不同，TQM的主要工作不再是事后的质量检验而是事先的预防，它管理的内容也由产品质量到工作质量，检验的对象从专职人员到全体人员，通过督促操作工人进行自我质量监控，自觉地纠正质量管理缺陷，以保证企业整个生产过程实现

“零缺陷”。TQM 是 JIT 顺利实施的一个必要条件，它也帮助促进了质量成本会计的完善。

（4）环境成本会计。众所周知，企业在生产经营过程中难免对环境造成不好的影响，环境成本指的是在产品的生产活动中，为解决环境污染和生态破坏所需要的费用。将环境成本纳入各项经济分析和决策过程，通过产品生命周期的绿色设计，降低产品在整个生命周期中对环境的不良影响，能够提高企业的市场竞争能力和可持续发展能力，并最终实现环境效益和企业经济效益最优的目的。

第三节　成本会计的对象、职能与任务

一、成本会计的对象

成本会计的对象指的是成本核算和监督的内容。从理论上来看，成本会计核算和监督的内容一般就是成本会计的内容，而在实际工作中，由于各企业生产经营活动存在差异，现行会计制度也有不同之处，因此，成本会计核算和监督的内容也就有所不同。下面以工业企业为例对其内容加以说明。

1. 生产费用

工业企业的基本经营活动是生产和销售工业产品。在产品生产过程中，不可避免地会产生各种各样的耗费，其中机器设备、房屋等固定资产的劳动资料，在生产过程中能够长期且相对稳定的发挥作用，但在使用过程中，会产生磨损，价值也就降低，这些价值就通过计提折旧的方式，转移到制造的产品上去，这也就成为了一部分生产成本；利用其生产新产品的原材料等劳动对象自然是产品生产成本的一部分。在产品生产过程中，劳动者为自己劳动所创造出的价值，企业以工资的形式支付给劳动者，而这工资也是产品生产成本的一部分。上述产品在制造过程中所发生的各种耗费以及货币性的支出统称为生产费用。这一部分费用的支出及归集过程是成本会计核算和监督的主要内容。

2. 销售费用

销售费用指的是为销售产品而产生的费用。在产品销售过程中也会产生各种费用支出，一般包括保险费、运输费、展览费等，还有在销售过程所用的职工薪酬。

3. 财务费用

财务费用指的是筹集生产经营所需资金的过程中产生的费用，如利息净支出、金融机构手续费、现金折扣等。

4. 管理费用

管理费用指的是在组织和管理经营活动时，企业的行政管理部门所产生的费用，如工会经费、董事会费、聘请中介机构费、咨询费、研究费用等。我们将这些费用统称为管理费用。管理费用的支出及归集过程，也应成为成本会计核算和监督的内容。

上述销售费用、财务费用都是在会计期间产生的，因而应按发生的期间归集，直接计入当期损益，我们将其统称为企业的期间费用。因此，可将工业企业成本会计的对象概括为：企业生产经营过程中发生的产品生产成本和期间费用。

虽然不同类型的企业具有不同的特点，而按照现行企业会计的有关规定，它们的成本会计对象与工业企业基本一致，因此，我们可把成本会计对象概括为：企业生产经营过程中发生的生产经营业务成本和期间费用。

二、成本会计的职能

成本会计职能是随着成本会计的产生和发展，并不断完善的。发展到今天，其职能包括成本预测、成本决策、成本计划、成本核算、成本控制、成本分析以及成本考核。

（一）成本预测

成本预测指的是根据成本的有关数据及其与各种技术经济因素的依存关系，利用一定程序、方法和模型，结合发展前景及采取的各种措施，对未来期间成本水平及变化趋势作出科学的估计与推测。成本预测的对象可以是某种产品，也可以是企业的总成本水平。通过成本预测有利于减少经营管理的盲目性，选择最优方案。

（二）成本决策

成本决策指的是在成本预测的基础上，利用决策理论，按照既定或要求的目标，根据一定的方法，对有关方案进行正确的计算和判断后，从中选出最优成本方案的过程。一个好的成本决策对企业正确制定成本计划以及计划的执行和完成，促进企业提高经济效益起到十分重要的作用。

（三）成本计划

成本计划指的是根据成本决策所确定的目标，依据计划期的生产任务、降低成本的要求及相关资料，通过一定的程序，运用一定方法，以货币计量形式具体规定计划期内产品生产耗费和各种产品的成本水平，并提出达到规定成本水平所应采取的措施方案。

（四）成本核算

成本核算指的是根据确定的成本计算对象，采用适当的成本计算方法，按照选定的成本项目，严格划分各种费用界限，采用一系列归集与分配方法将生产费用计入各受益产品，并计算出成本计算对象的总成本和单位成本。成本核算可对成本计划的执行情况，生产经营过程中存在的问题进行考核，并为定价提供依据。

（五）成本控制

成本控制指的是在产品成本形成过程中，监督产品成本的形成，对其发生的偏差及时纠正，并采取相应措施，将生产经营过程中发生的各种费用和消耗控制在标准范围内。

（六）成本分析

成本分析指的是利用成本核算等资料，采用一定的方法，将本期实际成本与目标成本、上期实际成本相比较，并通过比较掌握成本升降变动情况及影响因素，为采取措施降低成本提供参考。成本分析不仅指事后分析，还包括事前分析和事中分析。成本分析是正确认识和掌握成本变动规律的保证，也是编制成本计划和制定新的经营决策的依据。

（七）成本考核

成本考核指的是定期对成本计划及有关指标实际完成情况进行考察和评价以实现各责任者努力完成责任成本的目标。为了调动各责任者的积极性，成本考核必须将责任和权利紧密结合。

成本会计的各种职能是相互联系，互为条件密不可分的，要充分发挥成本会计在现代企业管理中的重要作用，必须充分利用各种职能的联合作用，不放松和削弱七种职能中的任何一个。

二、成本会计的任务

成本会计的任务是成本会计职能的具体化，具有主观性、不稳定性、以及和社会环境紧密联系的特点。

根据我国市场经济条件下，成本会计的根本任务是在保证产品质量的前提下，促进企业尽可能节约产品生产经营过程中物化劳动和活劳动的消耗，以不断提高经济效益。其具体任务包括以下几个方面。

（一）准确核算产品成本，及时提供成本信息

准确核算成本，及时提供正确的成本信息是成本会计的基本任务。因此，成本会计人员要按照企业要求，遵守有关成本开支范围的规定，采用恰当的成本计算方法来对产品成本及时、准确地计算并记录。

（二）开展成本预测，进行成本决策

应根据历史成本资料、市场调查情况等资料，采取科学方法来预测成本水平及发展趋势。此外，在产品投产前和生产过程中都要进行成本预测。在成本预测的基础上，再利用充分的信息资料，通过经济评价，合理判断，作出正确的决策。

（三）制定目标成本，加强成本控制

目标成本指的是企业在一定时期内为保证实现目标利润而制定的成本控制目标。目标成本的制定是成本控制的依据，因此必须严谨认真，能恰当地激发员工积极性，又使员工能够通过主观努力实现。成本控制的基础是目标分解。要加强成本控制必须对目标成本进行归口分组控制。在进行成本控制时要与生产经营各阶段的特点相结合，以产品成本形成的全过程为对象，综合利用人力、物力、财力，最大限度地提高成本效益。

（四）做好成本分析，严格成本考核

成本分析是在成本核算的基础上进行的。通过将实际成本与基数进行对比，这里的基数可以是定额成本、计划成本、上期实际成本等，对其差异及差异产生的原因进行确定，以有针对性地采取措施消除不利差异，降低成本。是落实成本责任制的重要保证。通过成本考核可以分清责任，正确评价各责任单位工作业绩和揭示成本工作中存在的问题，从而促使各责任单位或人员，努力降低成本，改善成本管理工作，不断增加效益。

第四节　成本会计的工作组织

一、成本会计机构

建立健全的成本会计的组织机构，必须做到五点：第一，要与企业体制、企业组织机构和会必须要与企业体制、企业组织机构和会计工作组织相适应；第二，必须与企业业务的特点和规模相协调；第三，必须做到技术与经济相结合；第四，必须体现精简高效的原则；第五，必须适应成本会计工作的内容和目的，贯彻并落实经济责任制。

不同规模的企业有着不同的成本会计机构。大中型企业一般会单设成本科或成本处，小规模的企业则在会计部门指定一些人来专门负责成本会计工作。在进行成本会计工作时一般可采用集中核算和非集中核算两种组织形式。

采用集中核算的组织形式时，厂部成本职能部门负责企业所有的成本会计业务，车间其他部门只需要提供原始资料和对它们进行初步审核、整理和汇总的工作，在这种方式下，各车间、其他有关部门一般只配备专职或兼职的核算员。这种形式的优点在于可供厂部成本部门集中用电子计算机进行成本数据处理，及时掌握企业成本信息；减少了核算层次，也减少了工作人员，节约了人力成本。当然这种形式也有缺点，就是不便于内部其他单位具体了解和控制成本，也就不利于调动他们控制成本、提高成本效益的积极性。

而当采用非集中核算方式时，则由单位负责成本工作的人员来进行成本核算和分析等工作。这种成本核算方式，能够使成本工作更好地各车间、部门的生产经营活动相结合。各车间、部门也能及时了解本单位成本水平，有利于其控制和降低成本。这种核算方式的缺点是增加了成本会计工作层次和人员，也就是增加了各单位的人力和时间成本。

一般来说，企业在选择成本核算组织形式时，首先要考虑是否有利于更好地完成成本会计任务。当然，与此同时，也要考虑企业规模的大小和经营管理水平等条件。对于规模较大、组织机构复杂、会计人员数量较多、要求核算责任成本的企业，可以采用非集中核算形式；反之，则应采用集中核算形式。

二、制定成本会计制度

成本会计制度是组织和从事成本会计工作必须遵循的规范和依据，是好成本工作的重要条件。企业成本会计制度的制定要满足许多要求：第一，要以财务会计制度的有关规定、会计准则以及财务通则为依据；第二，要对社会主义市场经济的要求有所体现；第三，要满足企业内部管理的要求；第四，要尊重群众的意见，在调查研究的基础上加以制定。

成本会计制度规定的内容一般要包括：成本预测和决策制度；成本开支范围制度；目标成本制定、成本计划编制制度；成本控制制度；成本报表制度；成本核算制度；成本分析和成本考核制度；成本基础工作制度；成本岗位责任制；责任成本制度以及其他与成本会计有关的制度。

成本会计制度一经制定，就应该认真贯彻执行，保持相对稳定。但是，随着客观形势的发展，以及各种新情况和新问题的出现，为保证制度的科学性和先进性，成本会计制度必须适当地进行修改和作相应的调整。

三、成本会计人员

具备一定的职业道德，才能成为一名合格的成本会计人员。我国目前还没有形成独立完整的会计职业道德准则，只在各种有关会计法规中有出现约束其他类型会计人员职业道德规范，具体如下。

（1）会计人员要爱岗敬业，在工作中刻苦钻研业务，具备工作要求的知识和技能。

（2）会计人员要熟悉国家统一的会计制度、财经纪律、法规，并在会计工作中进行广泛宣传。

（3）会计人员要对本单位的生产经营和业务管理情况有所了解，并应用掌握的会计信息和会计方法，努力改善单位内部管理、提高经济效益。

（4）会计人员在办理会计事务时，要客观公正、实事求是。

（5）会计人员要尽到保守单位商业秘密的义务，不得私自向外界泄露本单位会计信息。

以上职业道德对于成本会计人员也同样适用。职业道德第一条指出会计人员应使自己的知识和技能适应所从事工作的要求，这是最基本也是最重要的。

现代成本会计在进行计划、核算和考核工作的同时还要进行成本技术经济分析和成本效益分析，尤其是要把预测和决策放在重要地位。所以，成本会计人员要学会分析、预测和决策，使成本会计工作在企业提高经济效益中起参谋作用。

根据成本人员职责的要求，目前我国有些企业在成本岗位上配备了成本工程师，从技术的角度帮助企业更加高效地完成成本会计任务。

第五节 成本核算的引入讨论

本节主要从成本核算的含义、目标、原则以及成本核算程序四个方面来对成本核算的引入讨论作出基本阐述。

一、成本核算的含义

成本核算，指的是利用货币单位计量各种经济资源的价值牺牲或耗费。企业为了达到实现经营目标的目的就必须提供适应社会需要，具有市场竞争力的产品。为了正确确定这些产品或劳务的价值，就必须以产品或劳务为对象，对制造加工过程所耗费的各种经济资源，作出全面、分类、综合的确认、计量和归集分配，以计算其花费的成本，也就是成本核算。

二、成本核算的目标

在成本会计发展史上，成本核算的目标在逐步地丰富和完善。起初，成本核算是为了正确确定企业存货价值及其利润，为编制对外的财务报告服务。为了确定企业盈亏，需要在确定已实现收入的同时，正确计算实现这些收入所发生的各批、各类、各种产品的销售成本。而要确定产品销售成本，必须确定产品生产成本。由于各生产成本的形成，总表现为各生产要素费用的发生，因此，生产成本计算，必然要以生产要素费用的正确核算为前提，这样一来，成本核算的基本流程就形成了。20 世纪 20 年代后，受科学管理思想的影响，控制成本的概念得以强化，成本核算开始关注各级经营管理人员的责任及其履行情况，期望能对经营考评与激励产生积极的作用。成本核算的目标拓展，不仅需要定期计算成本，还表现在为适应管理需要提供随时发生的成本信息，能动地促进企业生产经营。成本核算目标发展的最高阶段，是有效地服务于经营决策。确定盈亏及存货价值，或提供成本差异的信息，这些都属事后性质，只能反映事实，不能做到事前控制，而管理实践发展已十分迫切地提出事前控制的要求。由此可见，成本核算的目标可归结为三个：第一，确定盈亏及存货价值；第二，促进优化管理行为；第三，服务经营决策。

三、成本核算的原则

成本核算的原则也就是会计人员在核算生产成本时所要遵循的基本规范。其作用是主要有三点，第一，协调各种成本计算目的；第二，使成本计算制度化；第三，对会计人员计算成本的行为加以规范，以提高成本信息的可靠性。

关于成本核算原则的具体内容，我国理论界有不同的看法，有的认为，成本核算原则包括六项：分期核算原则、权责发生制原则、一致性原则、划分生产费用与期间费用原则、历史成本原则、成本—效益；有的认为包括可靠性原则、相关性原则、配比原则、按实际成本计价原则、一致性原则、分期核算原则、重要性原则、合法性原则八项；有的则从更广泛的意义上将成本核算的原则概括为以下九项：第一，成本计算的基础，即市场经济和价值规律原则；第二，成本构成和计量的客观标准，即成本内容的规范性原则；第三，确定对象原则；第四，成本计算的依据，即原始依据可靠原则；第五，与资产计价结合原则；第六，定期、按对象计算成本原则；第七，费用分配体现受益原则；第八，成本计算为了加强管理的原则；第九，全面计算成本原则，即成本计算不仅要算生产者的成本，还要算用户成本和产品寿命周期成本。上述前两种说法分歧较小，第三种说法与前两种说法有较大分歧。而存在较大分歧的原因在于对成本核算的范围和性质的不同理解，在最后一种说法中，成本核算已不再只是生产成本核算，而是包含了成本会计的全部。

在我们的理解里，成本核算的原则指的只是生产成本核算的原则，即用于确定损益和资产价值为对外公开财务信息服务的那一部分成本会计。由于有对外公开信息的需要，我们才有必要制定成本核算原则，以规范各企业成本计算行为，只有这样，各企业才能被社会各界所理解。而对于服务内部管理需要的那一部分特定的成本核算，由于各企业存在差异，自然他们在对成本信息的需要结构上会有很大的差别，同时这部分成本信息也不需要向社会公开，因此，在全社会范围形成统一的规范是没有必要也是不可能的，对此规定一些原则也是没有意义的。

由前文陈述可将制定成本核算原则的出发点概括为以下几点：第一，为全面实现成本核算目的建立可靠的基础；第二，为正确计算成本进而确定存货价值、损益数额提供规范；第三，满足国家会计准则的基本要求。根据以上出发点，我们将成本核算原则归纳为实际成本计价原则、成本分期核算原则、合法性原则、重要性原则、一贯性原则、权责发生制原则六项。

四、成本核算的程序

（一）生产流程与成本流程

各个企业由于生产的产品的多种多样，所采用的生产技术与产品工艺也都不相同，因此，各个企业有其各自体现其产品生产和技术工艺特点的生产流程。生产过程中所发生的各种费用计入产品成本的过程，从客观的角度看，直接反映着实际生产过程所发生各种耗费的情况和事实，通过一系列成本账户所提供的系统、真实、综合的成本信息，真实地再现了实际生产成本形成的原因及具体用途，从而形成产品成本流程。由此可见，生产流程是形成产品成本流程的基础。

产品成本流程可概括如下。

1. 审核生产过程发生的费用

为了达到有效地控制和降低产品成本与期间费用，真实反映并提高企业赢利水平的目的，对费用加强事先和事中的审核与把关是极其有必要的。审核把关的依据是国家有关的法规、制度，定额预算标准，企业有关计划等。只有通过审核把关，才能确保企业成本账户所记载的各种费用发生的合法性、真实性和合理性，正确划分产品生产成本与期间费用。

2. 生产要素费用的分配

外购燃料、外购动力、工资和折旧费等项要素费用，需要首先按照经济用途进行分配。在分配中，属于期间费用的，应按产品销售费用、管理费用、财务费用等各期间费用项目归集。应计入产品成本的费用中，凡属单设成本项目的费用，如构成产品实体原材料、制造工人工资、产品生产耗用的外购燃料和动力等费用，要按用途分配给基本生产各产品和辅助生产各产品（或劳务），并计入有关成本项目，直接按照各种产品的不同成本项目进行归集；而未单设成本项目的费用，如折旧费、车间管理人员工资等，应先归集为不同生产车间或部门的制造费用，制造费用归集完全后再将制造费用成本项目分配计入各种产品成本。另外，还有一些应由本月及以后若干月份产品成本和期间费用共同负担的费用，如预付租金等，应按待摊费用进行归集。

3. 待摊费用和预提费用的分配

本月发生的待摊费用和提取的预提费用归集之后，应将本月摊销额按用途进行分割，本月分配的摊销额，无论是本月发生的还是之前月份发生的，均为本月产品成本、期间费用应负担的部分，应按待摊费用和预提费用的不同种类分别进行分配。这其中属于期间费用的，按期间费用项目归集；应计入产品成本的，按照不同生产车间或部门的制造费用进行归集。

4. 辅助生产制造费用的分配

企业辅助生产车间所发生的各项费用，如像原材料、生产工资，这些属于单设成本项目的，应在以上各项要素费用分配中直接计入辅助生产产品或劳务成本；其他费用先归集为各辅助生产车间的制造费用。月末，归集的各辅助生产车间制造费用分别转入各辅助生产车间的产品或劳务成本。

5. 辅助生产费用的分配

辅助生产制造费用转入辅助生产成本后，除对自制材料、自制工具等完工入库的辅助生产产品的生产成本转为存货成本外，应分别辅助生产产品和劳务种类，按受益数量的比例在各受益对象之间分配。属于期间费用的，按期间费用项目归集。应计入基本生产产品成本的，像锅炉车间提供动力费用直接用于生产这些属于单设成本项目的费用，应直接计入受益产品成本；而像设备维修用这些未单设成本项目的费用，则先按各基本生产车间的制造费用进行归集。

6. 基本生产制造费用的分配

各基本生产车间归集的制造费用，应分别不同车间在应负担的产品之间分配，计入产品成本制造费用成本项目。

7. 废品损失和停工损失的分配

在单独核算废品损失、停工损失的企业中，因出现废品、停工而发生的损失费用，都应在以上各步骤的费用分配中，按废品损失、停工损失进行归集。这些损失性费用，除可以收回的保险赔偿、过失人赔偿以及可列为营业外支出的非常损失等之外，应分别分配给有关期间费用和产品成本的相应项目。

8. 完工产品和月末在产品之间的费用分配

以上费用分配完成后，每种产品本月应负担的生产费用已按不同成本项目分别归集，逐项与月初在产品费用相加后，即为该产品全部产品费用。若当月产品全部已经完工，则所归集的全部产品费用即为完工产品成本。而如果全部都没有完工，则全部为月末在产品成本。

若当月计算的的成本费用中有完工的也有未完工的，那么，则要对成本项目在完工产品和月末在产品之间的分配进行区别，计算按成本项目反映的完工产品成本。

9. 期间费用的结转

销售费用、管理费用、财务费用等应于期末全部结转当期损益。成本流程如图 1 - 5 - 1 和图 1 - 5 - 2 所示。

（二）成本核算程序

成本核算的一般程序，可以简单分为以下两个阶段。

第一阶段是横向分配阶段。它指的是将应计入本月产品成本的各种要素费用在各种产品之间，按照成本项目进行归集分配；应列为本月期间费用的，确定其所属期间费用项目。

第二阶段是纵向分配阶段。它指的是经过上述横向分配阶段确定各种产品本月生产费用以后，对既有完工产品又有月末在产品的产品，需将该种产品的生产费用，采用适当的方法，分别按成本项目，在其完工产品和月末在产品之间进行分配和归集，以计算完工产品和月末在产品的成本。

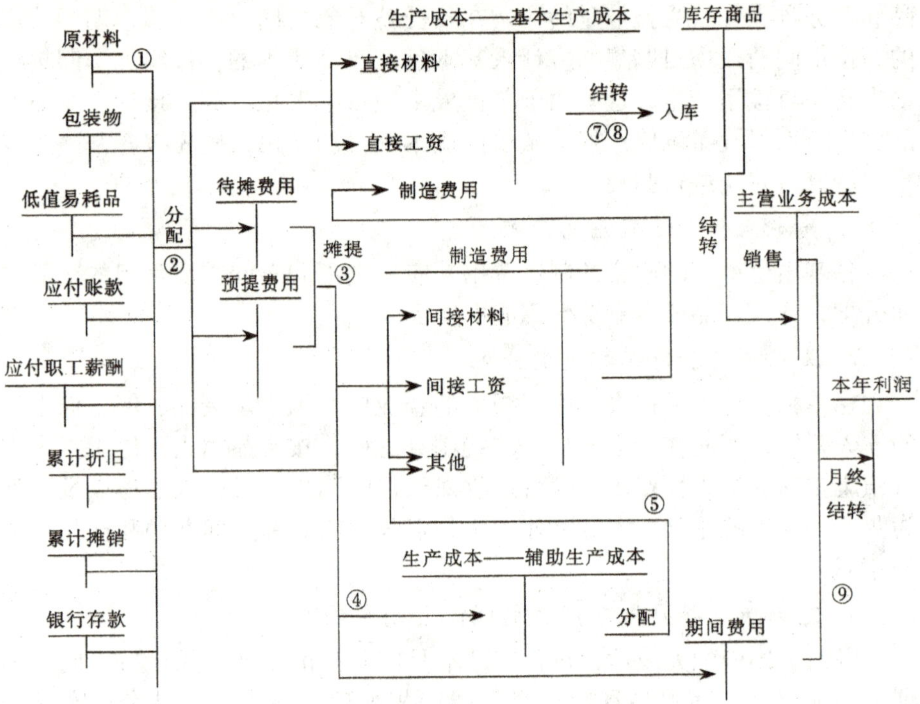

图 1-5-1　成本流程的总分类核算

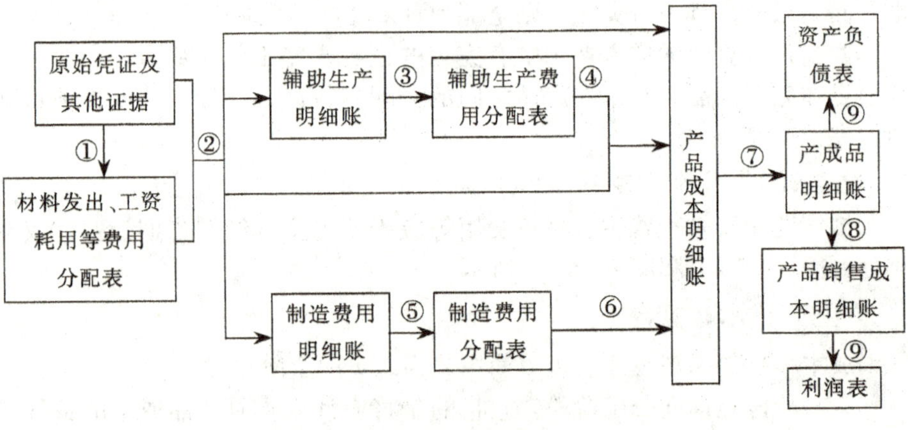

图 1-5-2　成本流程的明细分类核算

生产费用的核算主要包括 8 个环节：第一，各项要素费用的分配；第二，基本生产制造费用的分配；第三，辅助生产费用的分配；第四，辅助生产制造费用的分配；第五，待摊费用和预提费用的分配；第六，废品损失和停工损失的分配；第七，完工产品和期末在产品之间的费用分配；第八，期间费用的结转。

以上几个步骤是成本核算的基本步骤，一般情况下应按这个步骤一步一步地核算。但在某些情况下，由于各种原因可能会增加或减少成本核算的步骤，如在企业规模较大，采用两级成本核算的情况下，就会增加厂部汇总制造成本的步骤；在产品品种较多，运用分类法计算产品成本的情况下，会增加某一类产品内生产费用的分配等步骤。而有的企业并不需要废品损失的核算，这就减少了废品损失核算的步骤。

第二章　企业生产经营成本核算

由于不同的企业所经营性质的不同、生产产品的不同，因此对于企业来说产品成本核算也有所不同。

第一节　企业成本核算的要求与费用类别

一、企业成本核算的要求

我们在做任何事之前都需要遵循一定的规则与要求，俗话说“没有规矩，不成方圆”，企业的成本核算也不例外。在成本核算工作的具体运用中产生成本核算的具体要求，主要表现在以下几个方面。

（一）正确区分各种费用的界限

在成本核算中我们要接触到的费用有很多种，要明确区分各种费用之间的界限是我们核算要求中的一部分内容。

1. 正确区分生产经营管理费用和非生产经营管理费用的界限

我们都知道，无论企业所从事的是什么行业，都会产生相应的费用，而这些费用产生的途径的多种多样的，其用途也是各不相同的，我们拿一所学校来说，如果要开办一所学校，首先要有建立学校的场地费用、建筑费用、装修费用、设施费用等等，这只是最基础的建造费用，当所有的基础设施（当然，这其中包括学生、教师所使用的桌椅板凳等设施）都准备齐全之后，学校需要做的就是招收适应学校教学层次的学生以及相应的教师以及管理人员，这些都是费用产生的途径，通过对这些费用的分析我们就可以发现，产生的途径决定其用途。

2. 正确区分生产费用和期间费用的界限

在每个月所支出的费用中，我们要注意对费用的性质进行区分，如果是跟企业的产品有关系所产生的费用，那么应该计入相应的生产成本费用中，而像一些财务等方面的不是消耗在成本上的，都将其划分到期间费用的所属范围中，在对这些费用进行处理时的方法也是相对来说比较简单的，在期末一次全部转入“本年利润”账户，一次冲减当期损益。

3. 正确区分各月费用之间的界限

企业发生的费用在每月（年）之间进行正确区分，以便分别计算各月（年）产品成本，考核和分析各月（年）产品成本计划的执行情况。

4. 正确区分各种产品费用之间的界限

在我们生活中，我们所接触到的产品都是各式各样的，就算是他们从属于同一类产品，但是在其性能方面也会有着明显的差异。这里我们要说的就是在对成本进行核算的过程中也要遵循上述我们所说的对产品种类的区分这一原则，对产品的费用界限划分清楚，防止不同产品之间存在成本扭曲现象，换句话来说其实也就是，一种或几种产品的亏损被其他产品的盈利所掩盖。

5. 正确区分完工产品和在产品费用的界限

举现实生活中的例子来说明，就拿最简单的来说，生活中我们都见到过家人在厨房做饭的场景，通常情况下都是先将买来的菜全部都用清水冲洗干净，之后开始对菜品进行相应的处理，或切或撕等都是根据菜的不同做法决定的，在准备好原料之后，所有的原料开始一一进入烹炒的环节，这里我们要说的是，我们在准备菜的时候不可能只准备一盘，所以炒菜的过程中是一盘炒完之后再炒下一盘，这中间就会出现有的菜已经放到餐桌上了，而有的还在备用台上没有经过处理，产品的加工也是这样的，所以在分配时就要明确区分“已经炒完的”产品的费用与“在备用台上备用的”产品的费用。

（二）成本核算与成本管理相结合，成本核算着眼于成本管理

进行成本核算时，首先审核企业产生的费用，对已发生的费用按照用途进行分配和归集，成本核算不仅要满足财务会计的需要，而且所提供的成本信息应当满足企业经营管理和决策的需要，因而，现代企业成本核算的目标是多维的，如表 2－1－1 所示为现代企业成本核算的目标。

表 2－1－1　现代企业成本核算的目标

<table>
<tr><td rowspan="6">成本核算的多维目标</td><td rowspan="4">满足内部高效管理的需要</td><td rowspan="2">管理决策的需要</td><td>战略决策的需要</td></tr>
<tr><td>经营决策的需要</td></tr>
<tr><td rowspan="2">绩效评估的需要</td><td>追求利润的需要</td></tr>
<tr><td>成本控制的需要</td></tr>
<tr><td rowspan="2">满足外部利益相关者的需要</td><td rowspan="2"></td><td>对外财务报告的需要</td></tr>
<tr><td>应对国际反倾销举证的需要</td></tr>
</table>

（三）健全成本会计的基础工作

1. 健全企业内部结算价格制度

从某种程度上来说，这主要是为了能够在生产过程中明确各个部门为企业所带来的生产利益而言的，拿最简单的来说，在某企业生产车间中下属有五个不同的生产部门，但这五个生产部门并不是独立存在的，有时 A 产生部门所生产的零件需要有一部分供给给 E 生产部门，作为 E 生产部门生产其特定生产零件的基础零件。这样以后的结果就是 A 部门的生产总额中有一部分其实是在 E 部门的生产总额中得以体现，这就要求建立一种机制来确保各部门之间费用的明细。

2. 健全财产物资的计量、收发、领退和盘点的手续制度

在一些企业中，一些员工很多时候会利用其职务的便利去领一些材料，但是这些材料是在企业的公账上，没有显示出是某位员工个人支出的记录，但实际上这些材料中只有一部分是用在企业的生产上，剩下的部分可能被员工个人作为个人在某些场所使用。通过我们对上述现象的描述就可以发现，这样的现象其实在很多企业中都是存在的，为了能够更好地维护企业的利益，有必要建立相关制度严格记录材料等的领、收、发等手续，这些工作也是进行生产管理、物资管理和资金管理所必需的。

3. 健全原始记录制度

这有点像一些改造升级的产品一样，有时为了能够更好地将现在开发的产品与最原始产品的性能进行对比，那么只有将最原始的记录调出来我们才能进行比较，有人认为，也可以将前一代的产品拿出来进行对比，这样做不是不可以，但是为了突出其性能上的优越性，我们找到原始的资料，其优越性就更有说服性，因此，对于产品的加工与一些其他相关程序，我们都应该做出严格、真实的记录。

二、企业成本核算的费用类别

在生产经营中发生的费用种类很多，为了掌握各种费用的性质和特点，便于合理地组织成本核算，我们对成本核算按照费用的经济用途和费用的经济内容分类。

（一）费用按经济用途分类

简单来说，按照这种方式进行分类最直接的目的就是为了尽量降低产品成本，具体分类如图 2 –1 –1 所示。

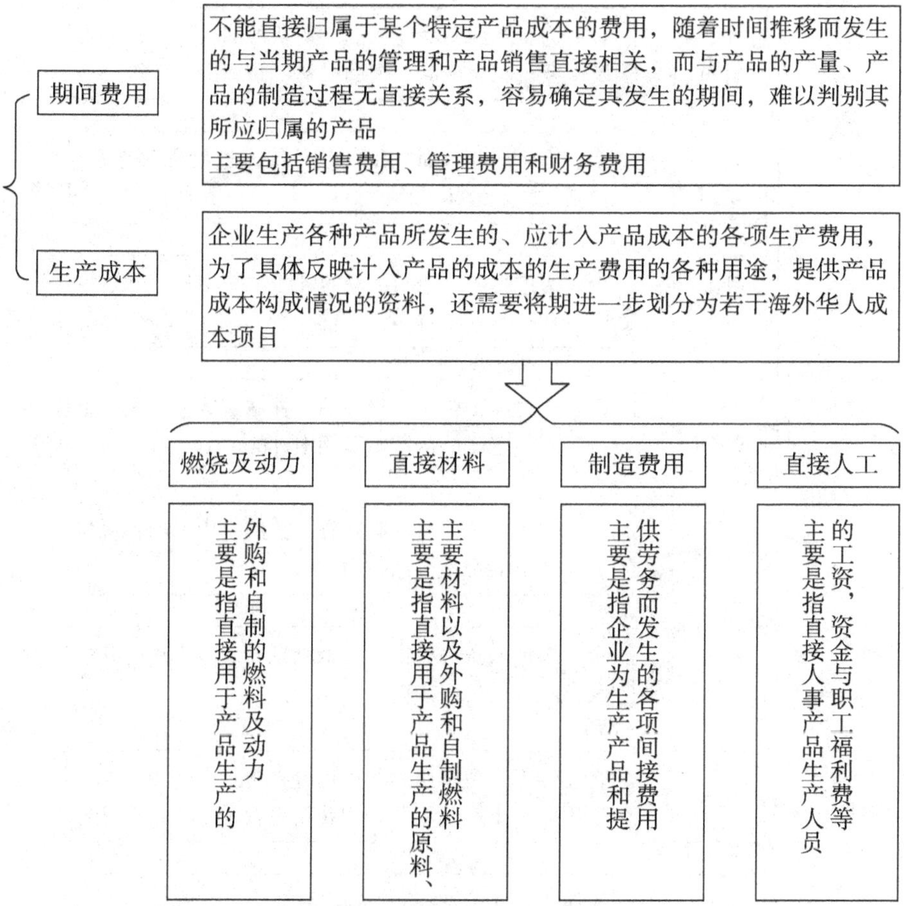

图 2－1－1　费用按经济用途分类

从图 2－1－1 中我们对费用所进行的分类中能够清楚地分辨出各种列别中所包含的费用的明细。当然，在上述我们所说的这四个成本项目中，其费用相对来说并不是固定的，企业在实际的操作中可以根据自己的生产特点和管理要求，考虑费用在管理中有无单独反映、控制和考核的必要做调整。拿我们在企业生产中有时会遇到的实际情况来举例说明，例如企业工艺用的燃料及动力不多，那么在这个环节中就可不设“燃料及动力”成本项目；再比如说，企业在生产过程中发生的废品损失在其产品成本中的比重较大，需要作为一项重要费用进行核算和管理，也可以增设“废品损失”成本项目。

（二）费用按经济内容分类

产品的生产经营过程具体所包含的内容如图 2－1－2 中所示。

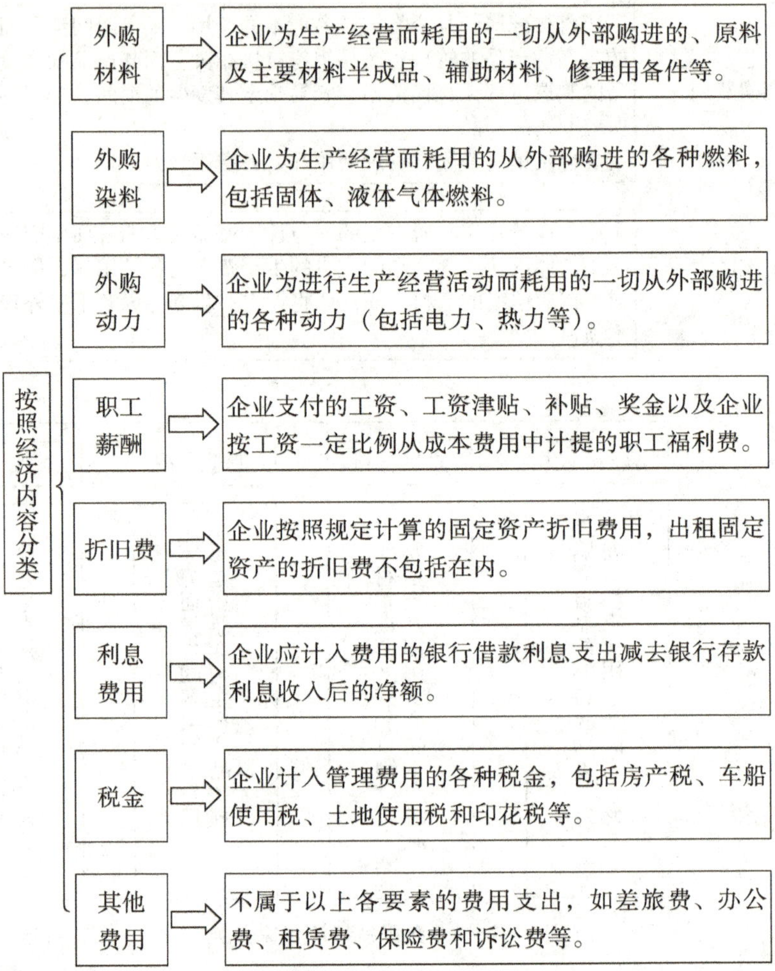

图2－1－2　费用按经济内容分类

从图2－1－2中的分析即可发现，费用按照经济内容的不同来分类，我们能够十分清晰地看到各种费用的使用情况，同时企业中费用的支出更是一目了然，这样在计算过程中就不会因为一时疏忽而忘记登记其中任何一项费用，为企业编制有关计划提供了十分充分的数据资料。

（三）其他分类

除了上述我们所说的两种分类方法之外，还有以下两种成本核算的分类方法。

1. 按费用与产品产量的关系分类

生产不同的产品其原材料使用不同，那么所产生的费用不同，相同的产品生产的型号不同，其产生的费用也会有所差异。另外就是费用的变动问题，如直接材料、生产工人工资等；固定费用，是指费用总额在一定条件下不随产量变动而变动，即相对固定不变的费用，如车间管理人员工资等。当然，“变动”与“固定”只是相对而言，变动费用总额是变动的，而单位产品的变动费用则是相对不变的；固定费用的总额相对固定不变，而单位产品负担的固定费用则是变动的。这种费用分类的意义在于针对不同的费用应采用不同的管理办法。对于变动费用，成本控制重点在于单位产品变动费用；而对于固定费用，成本控制的重点在于固定费用总额的控制上。

2. 按费用计入产品成本的方法分类

按照这种方式进行分类，我们可以将费用划分为以下两种，这两种方式有着明显的不同。

（1）直接费用。顾名思义，我们从字面意义上也能够看出，这种类型的费用就好像是我们在生活中购买某一件商品的费用一样，有共通之处，现实生活中如果我们要购买某一件商品，那么我们一定要付出与这件商品等量的金钱才能获得，同样，企业要生产某件产品，一定要付出一定的费用（直接费用）才能得到产品。

（2）间接费用。与上述我们所说的情况有关系，但是其内涵是有所差异的，这种类型的费用不是鱼产品有直接关系，但是我们又不能说这些费用与这些产品的生产没有关系，只能说它们之间存在间接关系，因此，这种类型的费用我们称之为间接费用，其分配方法的合理性对进一步明确间接费用分配标准的选择对正确计算产品成本的重要意义。

第二节 企业成本核算的一般程序与主要会计科目

一、企业成本核算的一般程序

我们做任何事都需要遵照一定的程序，因为只有这样我们才能将事情进行地有条不紊，成本核算同样也不例外。通常情况下我们都要遵循一定的程序来进行，具体程序主要有以下几个方面，如图2－2－1所示。

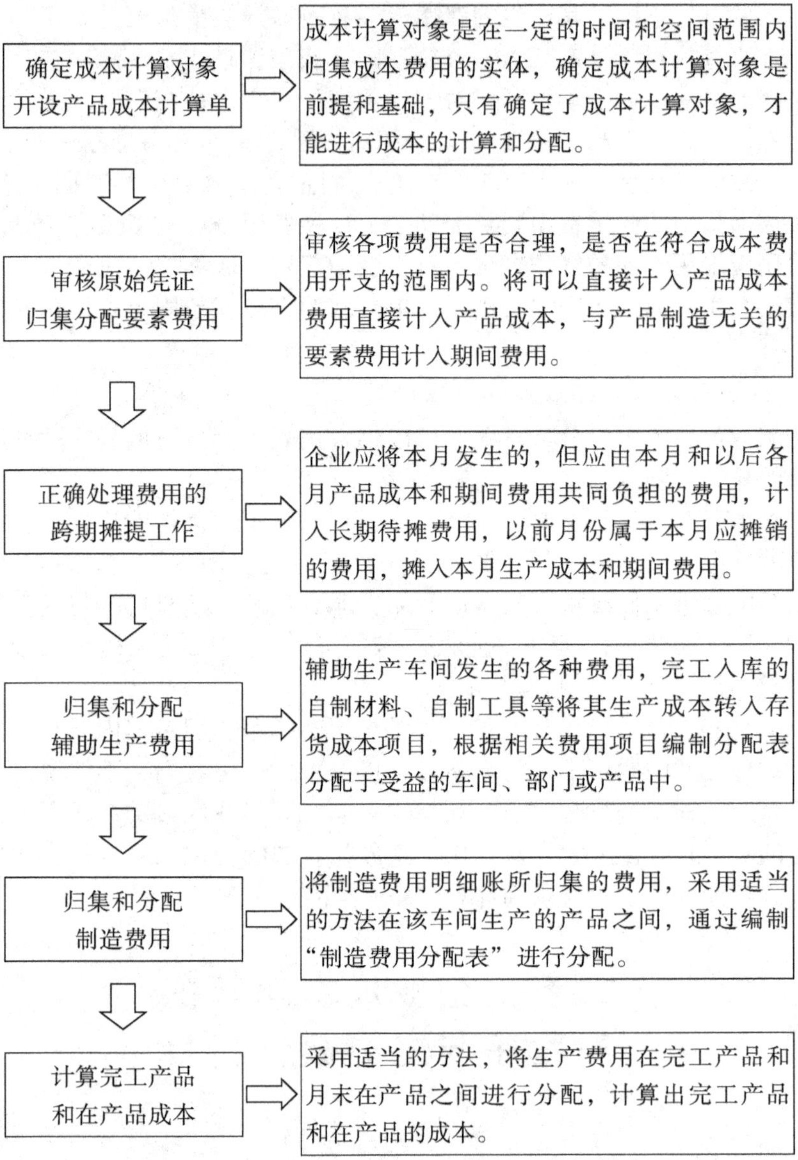

图 2－2－1　成本核算程序

在经历了图 2－2－1 中所示的六个步骤之后，这一系列的工作才算结束。

为了使读者能够更好地理解企业成本核算的一般程序，我们将上述几个步骤总结出一个流程图以供读者参考，如图 2－2－2 所示。

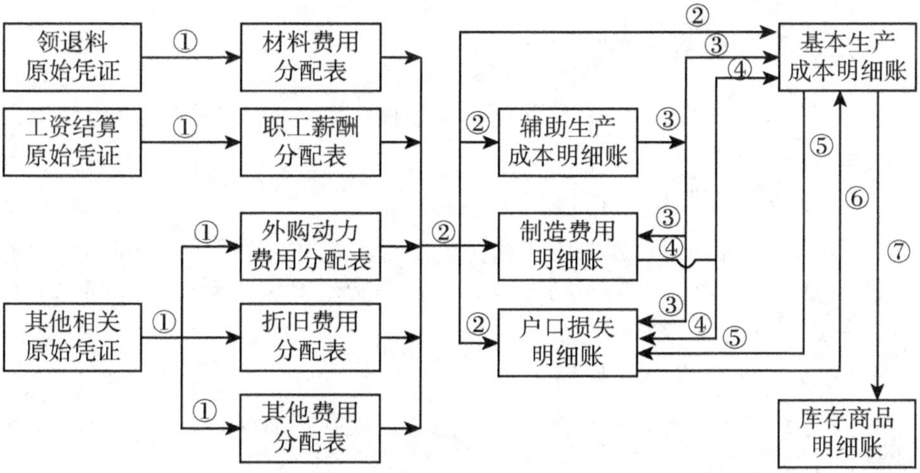

注：①根据原始凭证编制各种要素费用分配表；②分配各种要素费用；③分配辅助生产费用；④分配制造费用；⑤归集不可修复废品的生产成本；⑥结转废品净损失；⑧计算并结转完工产品成本。

图 2－2－2　企业成本核算一般程序

在企业成本核算中必不可少的就是成本核算账务处理，图 2－2－3 所示为其具体内容。

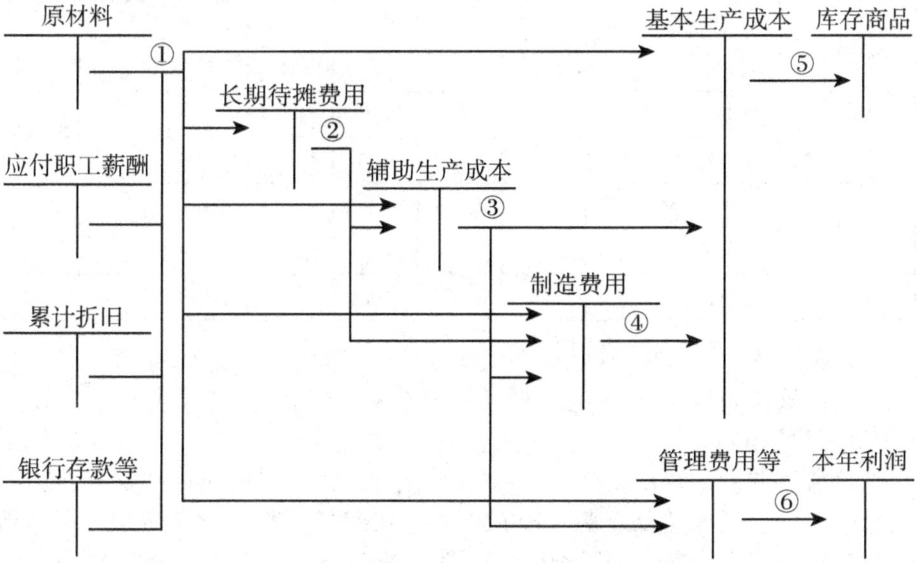

注：①分配各项要素费用；②分配长期待摊费用；③分配辅助生产费用；④分配制造费用；⑤结转完工产品成本；⑥转销各项期间费用

图 2－2－3　成本核算账务处理内容

二、成本核算主要会计科目

在成本核算中，通常情况下企业成本核算会计科目主要可以设置以下几个科目。

（一）“管理费用”科目

我们这里所说的管理费用包括在生产过程的始末，根据不同的管理职能其管理费用的具体种类不同，因此，管理费用要区别对待，对细化的种类要单独分开并予以详细记录。

（二）“制造费用”科目

如表 2－2－1 所示为制造费用明细账格式，通常情况下企业制造费用明细账采用多栏式。

表 2－2－1　费用明细账

单位：元

2011 年		凭证号	摘要	费用项目						
月	日			职工薪酬费用						
4	26	略	职工薪酬费分配表	4 560						
	27		折旧计算表		1 600					
	28		先进支出			400	1 700	1 300	2 440	2 570
	29		辅助生产费用分配表						1 200	1 200
	30		结转制造费用	4 560	1 600	400	1 700	1 300	3 640	13 200

（三）“财务费用”科目

为了核算企业为筹集生产经营所需资金而发生的各项费用，应设置“财务费用”科目。

该科目的借方登记发生的各项财务费用；贷方登记应冲减财务费用的利息收入、汇兑收益以及期末转入“本年利润”科目的财务费用；期末结转后该科目应无余额。“财务费用”科目的明细分类账，应按费用项目设置专栏，进行明细登记。

（四）“生产成本——基本生产成本”科目

“生产成本——基本生产成本”科目是为了归集基本生产车间所发生

的各种生产费用和计算产品成本而设立的。表2－2－2所示为其记录明细。

表2－2－2　基本生产成本明细账

日起	凭证号	摘要	直接材料	直接人工	制造费用	染料及动力	合计
略	略	期初在产品成本	35 454	1 296	4 092	820	41 662
		本期	277 046	7 704	15 408	15 680	315 838
		合计	312 500	9 000	19 500	16 500	357 500
		约当产量	3 125	3 000	3 000	3 000	3 000
		单位成本	100	3	6.5	5.5	
		完工产品成本	250 000	7 500	16 250	13 750	287 500
		月末在产品成本	62 500	1 500	3 250	2 750	70 000

在实行厂部和车间两级成本核算的企业，需要注意的是，这里要加以区分对待，前者要记录入基本生产成本”明细账中，而后者则不同，需要记入“产品成本明细账”。

（五）“废品损失”科目

在企业生产过程中，必不可少的就是在生产中产生的一些废品，这些废品应单独予以记录。

由于在生产过程中避免不了有废品的产生，因此，在核算中应该将废品清单单独列出来，这样做的目的有二：首先，在众多废品中有一些是可修复的产品，也就是说这样的废品还有利用价值，经过特殊的处理之后能够转化成产品，为企业带来价值；其次，一些不可修复的废品可将其回收，为企业减少损失。

（六）“生产成本——辅助生产成本”科目

按广义概念来说，辅助生产所产生的费用是属于生产成本范围内的，但是如果从严格意义上来说，由于在生产过程中这些费用的产生不是直接作用于产品本身，主要是出自车间的管理以及劳务等方面，因此我们称这些费用为辅助生产成本。

实际操作中，将完成的产品进行入库登记之后，在这些产品中所花费的劳务等费用直接从辅助生产成本费用中扣除。

（七）“销售费用”科目

从字面意义上我们就能够很清楚地理解这项费用的含义，即主要是针对产品销售时所产生的费用而言的。在登记的过程中，销售所产生的费用要根据不同的项目设置不同的款项，与此同时还需要分别进行详细登记。

第三节　企业生产经营要素费用的核算

一、企业生产经营要素费用的核算方法

核算中需要用到的公式如下：

$$费用分配率 = \frac{待分配费用}{分配标准之和}$$

$$某分配对象应分配的费用 = 该对象的分配标准额 \times 费用分配率$$

简单来说，其实上述公式中我们所说的待分配的费用就是指的材料费，而公式中提到的分配标准额所指的就是分配标准之和，图 2－3－1 所示就是分配标准的明细。

定额类	定额消耗类、定额费用等
消耗类	生产工时、生产工资、机器工时、原材料消耗量或原材料消耗费用等
成果类	产品重量、体积、产量、产值等

图 2－3－1　分配标标准类型

二、原材料费用的核算

（一）原材料费用的归集

其基础工作环节中，我们主要做以下两个方面的工作。

1. 合理运用凭证

这里我们所说的凭证主要是指有关材料的一些凭证，企业在对材料进行加工的过程中，必不可少的就是去库房领一些与主材料相关的材料辅助生产，生产本身就是一个消耗原材料的过程，所以在这个过程中，我们不能保证原料一直足够生产使用。这就要求我们在领材料的这个环节严格把关，不至于使企业的原料不知去向。

领料单与我们通常见的一式三份的合同有些类似，一般来说，如果我们与某些单位签署什么合同的时候都是一式三份，个人留一份，单位人事留一份，剩下的一份留作备用。我们这里所说的领料单与其有异曲同工之妙，也是一式三份，但是这三份就没有领料人的存条了，其中一份需要交给领料的单位留存，以便日后查找方便，一份留给发料处，剩下的一份交由财务核实登记具体金额，以便更准备地核算其成本费用。

2. 合理选择相应制度

我们这里所说的相应的制度，实际上指的是在对材料进行核算时的盘存制度，之所以要进行选择，主要是为了能够更好地为企业服务，减少材料误差。我们在对材料的数量进行核算的过程中，通常多采用两种形式，具体如图 2－3－2 所示。

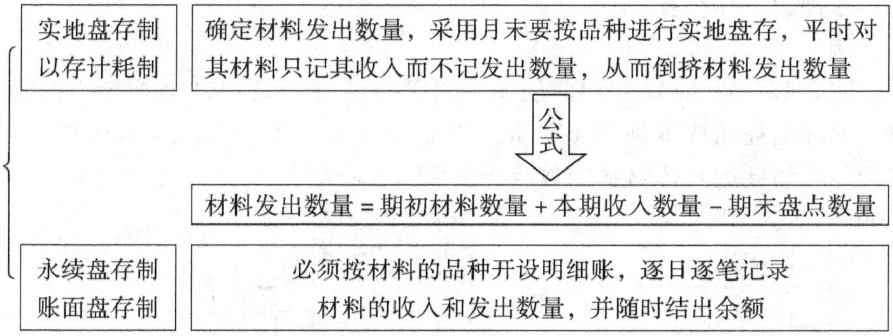

图 2－3－2　两种常用的盘存制度

（二）原材料的核算

在采用计划成本前提下，应通过对成本差异率的计算、分摊而将发出材料的计划成本调整为实际成本。材料成本差异率及发出材料应负担的差异额公式如下。

$$材料成本差异率=\frac{月初结存材料成本差异+本月收入材料成本差异}{月初结存材料计划成本+本月收入材料计划成本}$$

$$发出材料应负担的成本差异=发出材料的计划成本\times材料成本差异率$$

（三）原材料费用的分配方法

原材料费用的分配方法主要有以下两种形式。

1. 定额费用比例法

这种分配方法是在原材料费用的分配中经常使用的一种方法，其在实际操作中具体的计算分配程序如图 2－3－3 所示。

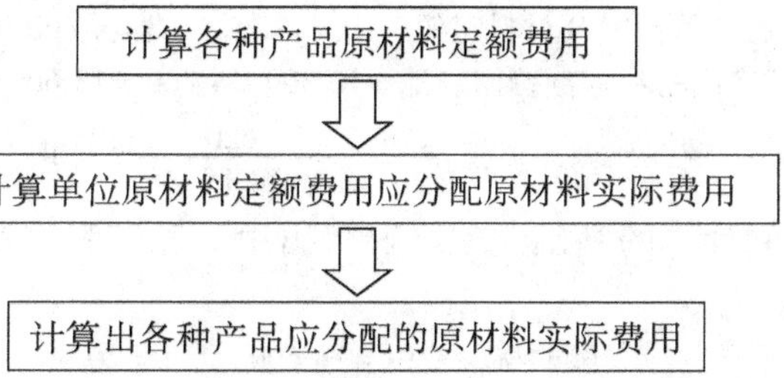

图 2－3－3　定额费用比例法分配程序

计算过程中需要用到的公式主要有以下几个：

$$某种产品原材料定额费用=该种产品实际产量\times单位产品原材料费用定额$$

$$原材料费用分配率=\frac{各种产品耗用该原材料实际费用总额}{各种产品原材料定额费用总额}$$

$$该产品负担的原材料费用=该种产品原材料定额费用\times原材料费用分配率$$

对公式的理解不能使我们在实际中得到运用，读者可根据下面的例子进一步理解上述公式。

例：

图2-3-4（a）柱状图所示，是某企业在当月投产的两种产品的数量，实际消耗的成本是37 620元。图2-3-4（b）所示为企业生产AB两种产品所消耗的具体材料的数量与金额示意图。

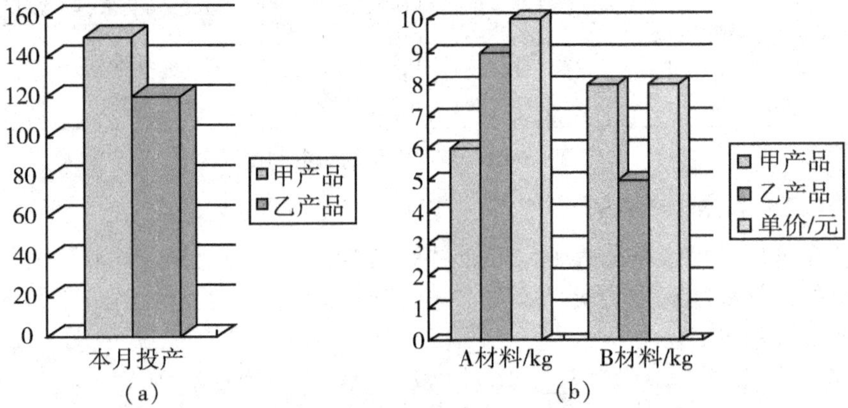

图2-3-4　产品总量与消耗材料

从图2-3-4中就能清晰看出某企业为生产甲乙两种产品所消耗的材料以及费用等明细，

甲、乙产品材料定额费用的计算如下：

甲产品耗用A材料定额费用=150×6×10=9 000（元）

甲产品耗用B材料定额费用=150×8×8=9 600（元）

甲产品材料定额费用合计=9 000+9 600=18 600（元）

乙产品耗用A材料定额费用=120×9×10=10 800（元）

乙产品耗用B材料定额费用=120×5×8=4 800（元）

乙产品材料定额费用合计=10 800+4 800=15 600（元）

$$材料费用分配率=\frac{37\ 620}{18\ 600+15\ 600}=1.1$$

在上述我们计算的基础上就能够得出甲、乙两种产品应分配的材料实际费用是：

甲产品应分配的材料费用=18 600×1.1=20 460（元）

乙产品应分配的材料费用=15 600×1.1=17 160（元）

表 2－3－1 所示为原材料费用分配表。

表 2－3－1　原材料费用分配表

应借科目		直接计入金额/元	分配计入		材料费用合计/元
			定额消费量/千克	分配金额/元（分配率 12.5%）	
基本生产成本	甲产品	15 200	36 000	450 000	465 200
	乙产品	117 400	12 000	150 000	267 400
	小计	132 600	48 000	600 000	732 600
辅助生产成本	供水	42 000			42 000
	运输	22 000			22 000
	小计	64 000			64 000
制造费用	基本生产车间	5 000			5 000
	运输车间	2 000			2 000
	供水车间	1 500			1 500
	小计	8 500			8 500
管理费用		2 000			2 000
销售费用		1 800			1 800
合计		208 900			808 900

编制原材料费用分配表后，可进行如图 2－3－5 所示会计处理。

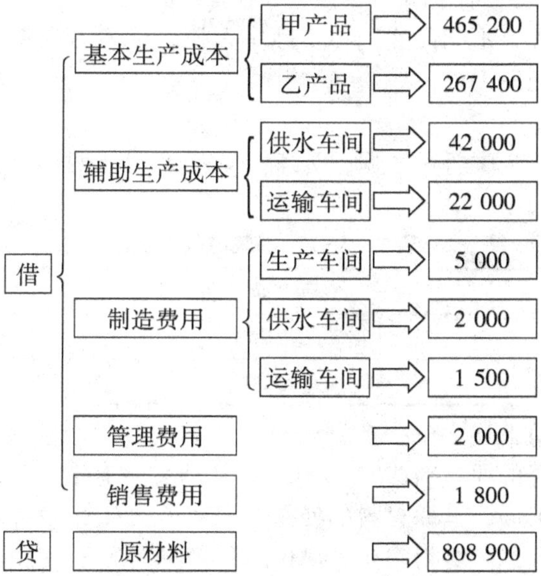

图 2－3－5　原材料费用分配的会计处理

2. 定额消耗量比例法

做任何事情我们都需要按照一定的顺序来，这样才能保证事情的完整与做事的效率，在采用这种方法进行计算的过程中，我们需要严格按照图 2－3－6 中所示程序进行。

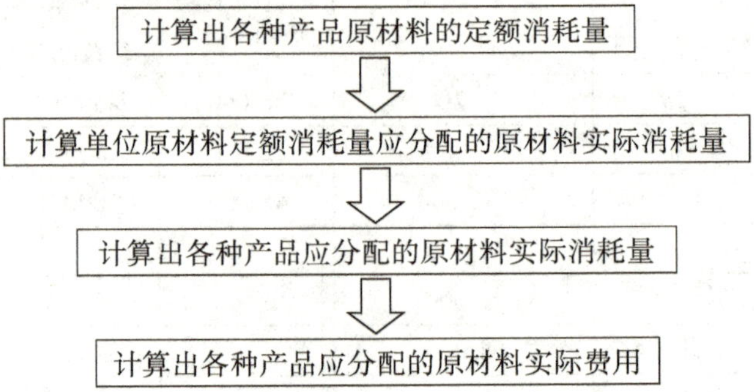

图 2－3－6　定额消耗量比例法步骤

当然，我们只是对步骤了解了还是不够的，还需要知道计算公式，在计算过程中我们所需要用到的公式主要有以下几个。

某产品原材料定额消耗量＝该种产品实际产量×单位产品材料定额消耗量

$$\text{原材料消耗量分配率}=\frac{\text{原材料实际消耗总量}}{\text{各种产品原材料定额消耗量之和}}$$

某种产品应分配的原材料实际消耗量＝该种产品原材料定额消耗量×原材料消耗量分配率

某种产品应分配的实际原材料费用＝该种产品应分配的原材料实际消耗量×材料单价

对公式的理解不能使我们在实际中运用，读者可根据下面的例子进一步理解上述我们所说的公式。

例：

如表 2－3－2 中所示数据，为某企业生产甲乙两种产品所消耗原材料数量与金额。

表 2－3－2　消耗原料与金额

	实际产量（件）	单位消耗/kg
甲产品	1 200	30
乙产品	800	15

通过我们对上述表格中数据的计算可以得出，企业生产 AB 两种产品理论上来说消耗的原材料为 48 000kg，但是实际上生产这两种产品所消耗的原料为 60 000kg，其原材料的使用从某种程度上来说并不是完全被充分利用的。据此我们就能得出生产 AB 两种产品各自所使用的原材料的数量以及所消耗的费用。

甲产品原材料定额消耗量 $=1\ 200\times30=36\ 000$（千克）

乙产品原材料定额消耗量 $=800\times15=12\ 000$（千克）

$$原材料消耗量分配率=\frac{60\ 000}{36\ 000+12\ 000}=1.25$$

甲产品负担的原材料数量 $=36\ 000\times1.25=450\ 000$（千克）

乙产品负担的原材料数量 $=12\ 000\times1.25=15\ 000$（千克）

甲产品负担的原材料费用 $=45\ 000\times10=450\ 000$（元）

乙产品负担的原材料费用 $=15\ 000\times10=150\ 000$（元）

计算分配程序如图 2－3－7 所示。

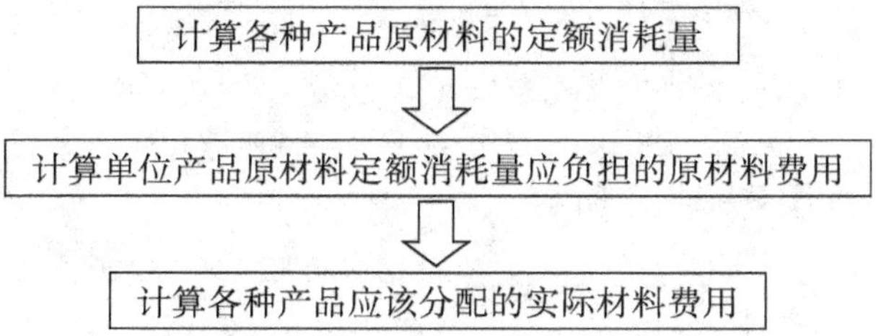

图 2－3－7　原材料费用分配程序

该种方法计算分配的公式如下：

某产品原材料定额消耗量 = 该种产品实际产量 × 单位产品材料定额消耗量

$$原材料费用分配率=\frac{原材料实际费用总额}{各种产品原材料定额消耗量之和}$$

该产品负担的原材料费用 = 该种产品原材料定额消耗量 × 原材料费用分配率

其计算如下：

甲产品原材料定额消费量 $=1\ 200\times30=36\ 000$（千克）

乙产品原材料定额消费量 $=800\times15=12\ 000$（千克）

$$原材料消耗量分配率=\frac{60\ 000\times10}{36\ 000+12\ 000}=12.5$$

甲产品负担的原材料费用 $=36\ 000\times12.5=450\ 000$（元）

乙产品负担的原材料费用 $=12\ 000\times12.5=150\ 000$（元）

（四）燃料费用的核算

在企业生产中，燃料费用算是一笔比较大的开销，通常情况下，燃料费用不会单独出现，它像是与动力费用绑定了一般，出现在成本费用拦中，虽然是如此，并不是将两种费用合计在以及，燃料费用与动力费用在此栏下仍然是分开记录的。由于燃料费用是直接用于产品生产的，因此，共同计入基本生产成本费用中。

例：

如表 2－3－3 中所示数据，为某工厂生产甲乙两种产品所消耗燃料费用与生产的产品数量。

表 2－3－3　生产消耗燃料

	产品数量（件）	单位燃料费用/元
甲产品	2 000	8
乙产品	6 000	4

通过我们对上述表格中数据的计算，得出生产两种产品所消耗的燃料为40 000元，与实际所消耗的燃料费用成1∶1，没有多余的消耗，由此我们就能得出加以两种产品各自承担的费用。

$$燃料费用分配率=\frac{40\ 000}{2\ 000\times8+6\ 000\times4}=1$$

$$甲产品应分摊的燃料费用=2\ 000\times8\times1=16\ 000（元）$$

$$乙产品应分摊的燃料费用=6\ 000\times4\times1=24\ 000（元）$$

会计分录如图 2－3－8 所示。

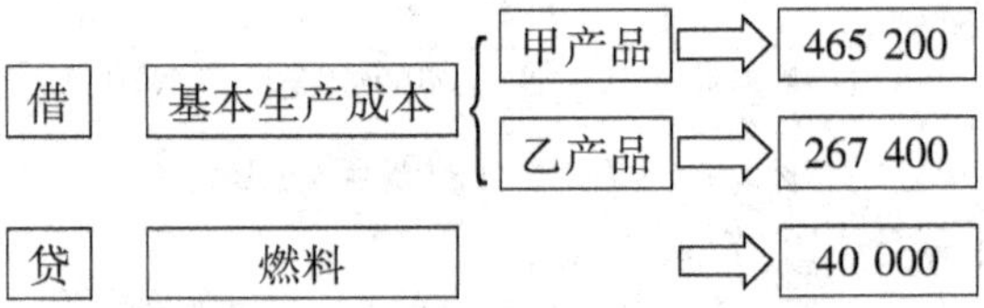

图 2－3－8　燃料费用分配会计分录

三、职工薪酬的核算

在职工薪酬的核算中我们所需要做的就是对职工的工作量与工作时间做出一个汇总，进而支付给职工相应的报酬。

（一）计时工资的核算

计时工资是根据考勤记录登记的每一职工的出勤情况和规定的计时工资标准计算的。计时工资的计算有日薪制和月薪制两种方法。

1. 日薪制

日薪制是一种计算员工工资的方法，一般来说在计算的时候是按每位职工的日标准工资和出勤情况进行计算，其计算公式如下：

应付标准工资＝出勤日数×日工资率＋病假日数×日工资率×(1－病假扣款率)

2. 月薪制

月薪制同样是一种计算员工工资的方法，这种方法主要是指根据每位职工的月标准工资和出勤情况进行计算。采用这种方法计算员工的工资公式如下：

应付标准工资＝月标准工资－(事假天数×日标准工资)－(病假天数×日标准工资×病假扣款率)

在上述我们所出示的公式中，有一点需要我们注意，日标准工资的计算公式如下所示。

$$日工资率 = \frac{月标准工资}{平均每月工作日数}$$

针对上述公式中提到的平均每月工作的日数，我们可以根据下面出示的两种计算方式进行计算。

（1）按全年每月法定工作日数20.83天计算，也就是我们通常所说的按年日历日数365天减去104个双休日和11个法定节假日之差，再除以12个月，算出平均工作日数。

（2）按全年平均日历日数30天计算，我们就能得出360÷12＝30.4，在实际处理的时候通常情况下企业按30天计算。

（3）按全年每月法定工作日数20.83天计算，一年共有365天，其中休息日占了104天，减去这一部分的休息时间，剩下的天数就是要支付工资的，需要注意的是，法定假日也是包含在支付工资的范围中的，因为是法定假日，国家规定允许休息但必须同时支付员工工资。所以，一个年度中，月平均计薪天数就是261÷12月＝21.75天。

上述三种方式我们都可以在实际计算的过程中运用，但是计算的方式从头至尾都是统一的。

（二）五险一金、福利的核算

“五险一金”指的是五种社会保险以及一个公积金，其中的五险包含的方面主要是人的最基础的养老、医疗、失业等五个方面，由于本书篇幅有限，在此不做过多阐述。

在上述我们说的“五险一金”的缴纳费用中，养老保险、医疗保险和失业保险是由企业和个人共同缴纳；工伤保险和生育保险完全是由企业承担的，个人不需要缴纳。这里还需要我们注意的是“五险”是国家法律规定企业需要上的保险，而“一金”不是法定的，所以我们在现实企业中，有一部分企业不承担公积金的缴纳，这种行为并不是违法的。基本计算方法为：

企业某月缴纳的各种社会保险＝上一年月平均工资×国家规定的百分比

企业某月应计提的职工福利费＝（该月工资总额－按规定标准发放的住房补贴）×企业自行规定的百分比

除了上述我们所说的“五险一金”与福利之外，一些公司或者企业还会给予员工一定的奖金作为奖励；当然还有津贴和补贴，这两种补贴主要是支付给职工额外劳动或特殊劳动的劳动报酬，奖金、津贴和补贴、加班工资、特殊情况下支付的工资等计人工资总额，由企业按有关规定计算。

奖金是支付给职工的超额劳动或增收节支等劳动报酬。

（三）职工薪酬的分配

职工薪酬分配的公式如下。

$$工资费用分配率=\frac{某车间生产工人计时工资总额}{该车间各种产品生产工时（实际或额定）总数}$$

$$某产品应分配计时工资=该产品生产工时（实际或额定）\times 工资费用分配率$$

下面我们举一实例，在实际的费用分配中运用公式进行计算，同时也是为了能够更好地使读者在实际中便于掌握。

例：

某企业生产 A、B 两产品的生产工人工资中，应直接计入的工资分别为 3 240 元和 1 480 元；需要按生产工时比例分配计入的共为 1 230 元。生产工时为：A 产品 20 600 小时，B 产品 10 150 小时。那么我们就能够计算得出分配相关数据。

$$间接计入生产工资分配率=\frac{1\ 230}{20\ 600+10\ 150}=0.04$$

$$A 产品承担间接计入工资=20\ 600\times 0.04=824（元）$$

$$B 产品承担间接计入工资=10\ 150\times 0.04=406（元）$$

由此我们便能制出职工薪酬费用分配表，如表 2－3－4 所示。

表 2－3－4　职工薪酬费用分配表

应借科目			应付职工薪酬			职工福利费	合计
一级科目	明细科目	成本费用项目	直接计入金额	分配计入金额	合计		
基本生产成本	A 产品	直接人工	3 240	824	4 064	568.96	4 632.96
	B 产品	直接人工	1 480	406	1 886	264.04	2 150.04
	小计		4 720	1 230	5 950	833.00	6 783.00
辅助成产成本	供电车间	职工薪酬费用	400		400	56	456
	供水车间	职工薪酬费用	200		200	28	228
	小计		600		600	84	684
制造费用		基本生产车间	职工薪酬费用	800		800	112
管理费用		职工薪酬费用	1 200		1 200	168	1 368
销售费用		职工薪酬费用	500		500	70	570
合计			7 820	1 230	9 050	1 267	10 317

有了上述表中的数据，会计就可以根据表中的数据编制会计分录，具体内容如图 2－3－9 所示。

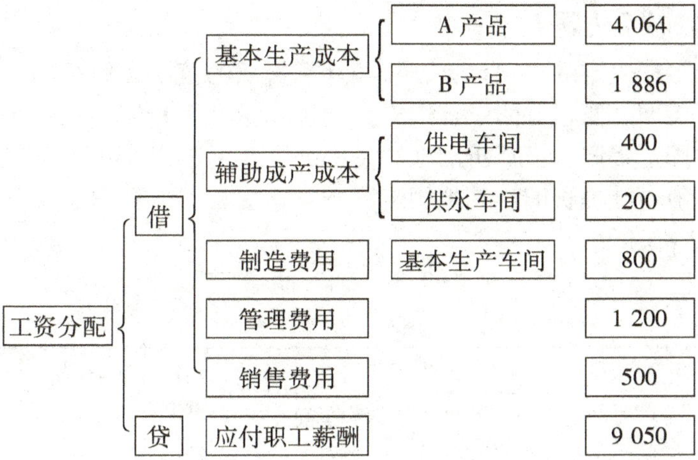

（a）

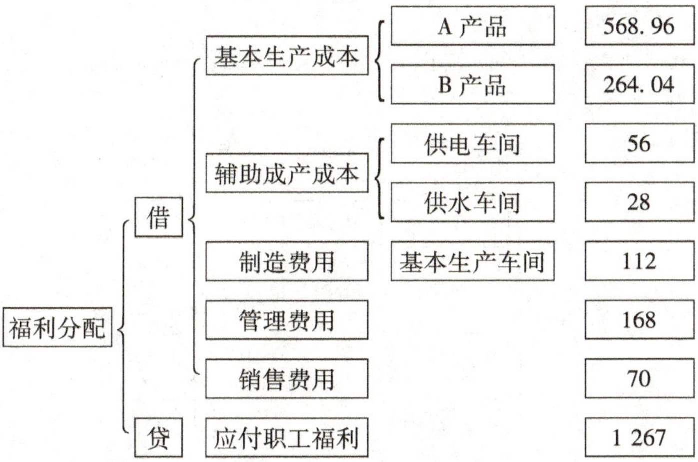

（b）

图 2－3－9　工资分配与职工福利分配会计分录

四、固定资产折旧费用的核算

企业生产过程中，随着时间的推移，企业中的一些固定资产会有一定的磨损，这些都是不可避免的“自然灾害”。为什么这么说呢，其实这个道理很简单，就像我们家庭中常见的家具是一样的，家中购置时间比较长的家具，在经过了几年甚至是几十年的时候就会变旧，有的甚至会直接坏掉不能使用。企业生产中一些这样的损失需要记录到折旧费用中，而相应的管理费用，在上文中我们也提到过，需要记录到期间费用明细中进行数据资料备份。

（一）核算方法

企业根据确定的折旧计算方法和计算折旧的范围提取折旧。采用工作量法计提折旧，要根据固定资产完成的工作量计提折旧，一般来说，角度使用前的固定资产、已提折旧继续使用的固定资产以及过去已经估价单独入账的土地不计提折旧，其他固定资产均计提折旧。折旧费用分配表格式如表 2－3－5 所示。

表 2－3－5　折旧费用分配表

20＊＊年＊月　　　　单位：元

项目	基本生产车间	辅助生产车间		行政管理部门	专设销售机构	合计
		供水车间	运输车间			
折旧费	20 000	4 500	3 700	3 000	1 000	32 200

（二）分配

在有了上述表格中的数据以后，会计就要相应地做分录工作，如图 2－3－10 所示。

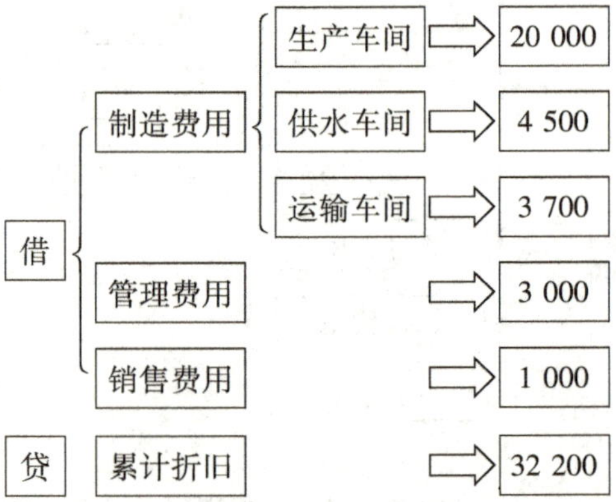

图 2－3－10　固定资产折旧费用分配会计分录

五、外购动力费用的核算

外购动力费用分配计算公式如下：

$$电力费用分配率 = \frac{电力费用总和}{各车间部门动力和照明用电度数之和}$$

$$某车间、部门照明用电费用 = 该车间、部门照明用电度数 \times 电力费用分配率$$

$$某车间动力用电力费用 = 该车间动力用电度数 \times 电力费用分配率$$

$$某车间动力用电力费用分配率=\frac{该车间动力用电力费用}{该车间各种产品生产工时（或机器工时）之和}$$

某产品分配动力用电力费用=该车间某产品生产工时（或机器工时）×该车间动力用电力费用分配率

（一）核算方法

其核算方法我们用下面的实例来进行具体说明。

如表2-3-6中所示数据，为某公司生产甲乙两种产品所消耗的动力费用，这里我们所说的动力主要是指电力的使用情况，以及消耗电量所产生的费用数据。

表2-3-6　消耗电量金额

	耗用工时（小时）	费用（元）	单价/元	耗电量（度）
甲产品	5 550	14 100	0.4	42750
乙产品	3 000			

从上表中能够看出，生产甲乙两种产品分别所耗用的工时是不相同的，但是由于公司没有为两种产品的生产单独统计耗电量，因此，就无法确定生产这两种产品各自所用的电量，也就无法准确地算出两种产品各自所需的成本。这里我们提供相关的计算方法以供读者在实践中运用。

$$动力费用分配率=\frac{17\ 100}{5\ 550+3\ 000}=2$$

$$甲产品动力费用=5\ 550\times2=11\ 100（元）$$

$$乙产品动力费用=3\ 000\times2=6\ 000（元）$$

有了这些计算公式，我们就能在实际操作中根据总的耗电量来分别计算出生产某种产品具体所需要的动力费用，以便更好地为公司谋取最大的利益。

（二）分配

外购动力费用分配是通过编制外购动力费用分配表进行的，如表2-3-7中所示数据。

表2-3-7　外购动力费用分配

应借科目 \ 项目		成本（费用）项目	机器工时（分配率：2）	度数（分配率：0.4）	金额/元
基本生产成本	甲产品	直接燃料和动力	5 550		11 000
	乙产品	直接燃料和动力	3 000		6 000
	小计		8 550	42 750	17 100

续表

应借科目（项目）		成本（费用）项目	机器工时（分配率：2）	度数（分配率：0.4）	金额/元
辅助生产成本	供水	水电费		7 500	3 000
	运输	水电费		5 00	2 000
	小计			12 500	5 000
	基本生产车间	水电费		5 625	2 250
制造费用	供水车间	水电费		125	50
	运输车间	水电费		125	50
	小计			5 875	2 350
管理费用		水电费		4 500	1 800
销售费用		水电费		1 500	6 00
合计		水电费		67 125	26 850

之后我们需要做的就是根据上述我们所出示的“外购动力费用分配表”做相应的会计分录工作，如图 2－3－11 所示。

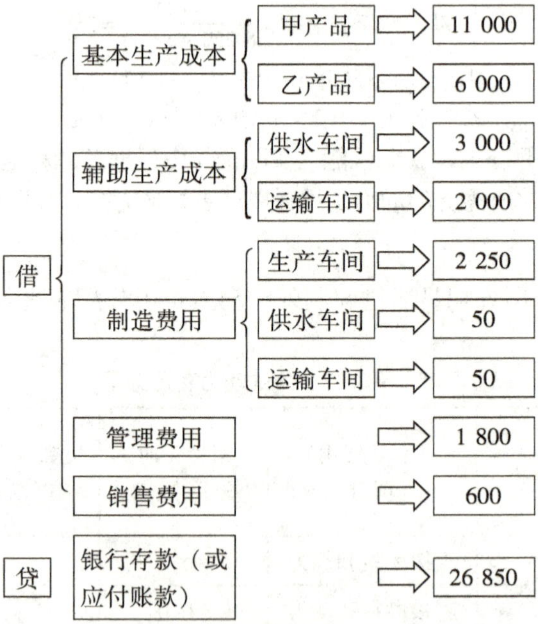

图 2－3－11　外购动力费用分配会计分录

六、税金的核算

对于税金中可以用银行存款等直接缴纳的税金，例如印花税，缴纳时，应借记“管理费用”科目及其明细账的“税金”费用项目。

任何公司，只要其办公地点或者生产场地所占用的是国家的土地，那么这个公司就要在某时间段中缴纳相应的房产税。拿具体的例子来说，＊＊公司＊月应缴纳的房产税为120元，应缴纳土地使用税130元，应缴纳的船税为150元，共计400元。

会计分录如图2－3－12所示。

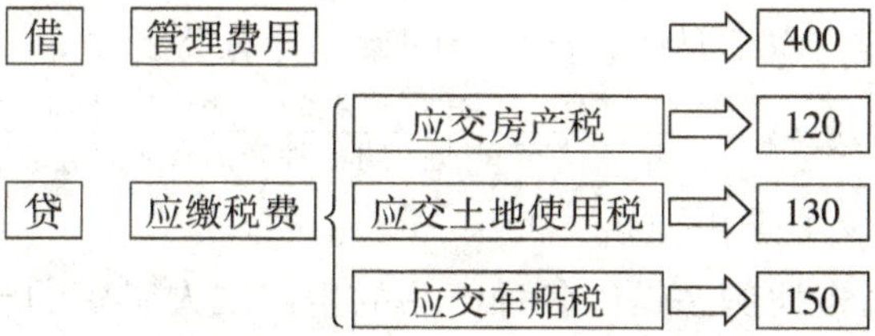

图2－3－12　税金会计分录

七、利息的核算

利息费用与税金的性质一样，都不属于产品成本的组成部分，而是期间费用中财务费用的组成部分。这里我们只介绍短期借款的利息费用的会计处理。

短期借款通常是为了满足正常生产经营的需要，其借款产生的利息费用通常情况下作为财务费用处理。

在实际工作的过程中，通常情况下银行在每季末收取短期借款利息，按照权责发生制的要求，企业的短期借款利息一般应采用按月预提的方式进行核算。在短期借款的数额不多，各月利息费用数额不大的情况下，可以采用简化的核算方法，即于实际支付利息的月份，将其全部作为当月的财务费用，而不再采用按月预提的办法。

第四节　企业各部门费用与损失的核算

一、各部门费用费用核算

在各部门费用的核算中，我们主要有以下三方面的内容需要进行核算。

（一）制造费用

制造费用的核算科一分为两种情况，第一种是针对只生产一种产品的企业而言，在计算的时候制造费用可直接计入其产品成本；第二种相对来说要比第一种较为复杂，主要是针对生产多种产品的企业而言，对于这种企业来说，由于生产产品种类的多，因此要慎重选择分配方法，将制造费用分配计入各种产品成本。通常情况下，我们在实际的核算中主要用到以下三种方法进行计算。

1. 按年度计划分配率分配法

年度内如果发现全年制造费用的实际数和产品的实际产量与计划数发生较大的差额时，应及时调整计划分配率。计算公式如下：

$$某车间年度计划分配率=\frac{年度该车间制造费用计划总额}{年度该车间成产的各种产品计划产量的定额工时总数}$$

2. 生产工人工资比例法

生产工人工资比例法是以各种产品的生产工人工资的比例分配制造费用的一种方法。计算公式如下：

$$制造费用分配率=\frac{制造费用总额}{车间各种产品的生产工人工资总额}$$

$$某种产品应负担的制造费用=该种产品生产工资\times制造费用分配率$$

3. 生产工时比例法

生产工时比例法是按照各种产品所用生产工人工时的比例分配制造费用的一种方法。

我们在实际的运用中可以通过以下公式计算获得制造产品分配所产生的费用。

$$制造费用分配率=\frac{制造费用总额}{车间各种产品的生产工时总额}$$

$$某种产品应负担的制造费用=该种产品生产工时\times制造费用分配率$$

4. 机器工时比例法

这种方法与上述我们所说的生产工时的方法有些类似，虽都是生产工时的统计，但是在统计机器生产工时的过程，我们有一点时常会忽略，那就是机器的折旧费，因为机器的长时间使用会给机器本身带来一定的损伤，有的可能会就此停止工作，这时我们就需要对其进行评估，看其剩余工作能力的价值，如果还可以通过修理回复正常工作的话，那么另一笔费用我们也必须进行记录统计，那就是修理费用。对于其工作的时间、修理所需要的时间以及修理完成工作效率的下降等所需要的具体实践都需要明确记录，以保证机器工时记录的准确性。

（二）制造费用的核算

制造费用计入产品成本，是通过编制“制造费用分配明细表”的方法进行的。如果采用工时作为分配标准，则根据制造费用明细账和工时统计资料，编制“制造费用分配明细表”，如某车间 200＊年＊月生产 A、B、C 三种产品制造费用明细，具体内容如表 2－4－1 所示。

表 2－4－1 制造费用

某车间 200＊年＊月 单位：元

分配对象	分配标准	分配率	分配金额
A 产品	15 000		30 000
B 产品	10 000		20 000
C 产品	5 000		10 000
合计	30 000	2	60 000

根据车间制造费用明细表中的数据进行汇总编制制造费用分配总表，具体内容如表 2－4－2 所示。

表 2－4－2 制造费用汇总表

应贷科目 / 应借科目		制造费用		
会计科目	明细分类科目	第一车间	第二车间	合计
生产成本——基本生产成本	A 产品	30 000	20 000	50 000
	B 产品	20 000	15 000	35 000
	C 产品	10 000	8 000	18 000
合计		60 000	43 000	103 000

根据上述表中的数据，会计所作的分录如图 2－4－1 所示。

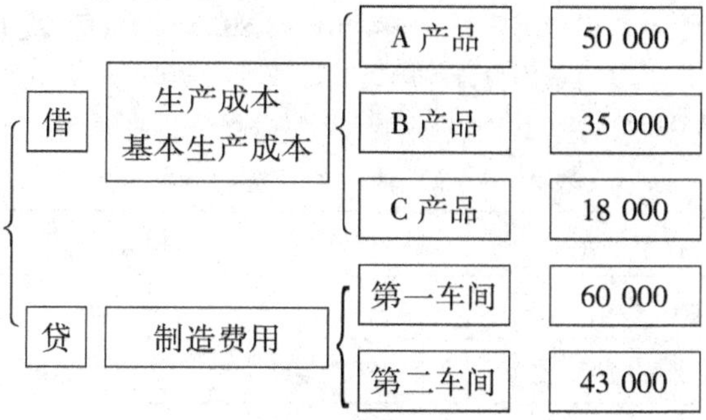

图 2－4－1 制造费用会计分录

（三）辅助生产费用

1. 直接分配法

直接分配法其计算公式如下所示：

$$\text{某辅助生产车间费用分配率}=\frac{\text{该辅助生产车间生产费用总额}}{\text{该辅助生产车间对非辅助生产车间提供的劳务（产品）总量}}$$

下面我们就上述公式的运用放到具体的实例中进行计算，以便读者更好地理解。

甲企业分别有供水辅助生产车间和供电辅助生产车间，主要为本企业基本生产和行政管理部门提供服务，供电车间本月发生费用为 4 401 元，供水车间本月发生费用 2 232 元，各辅助生产车间供应产品和劳务数量如图 2 –4 –2 所示。

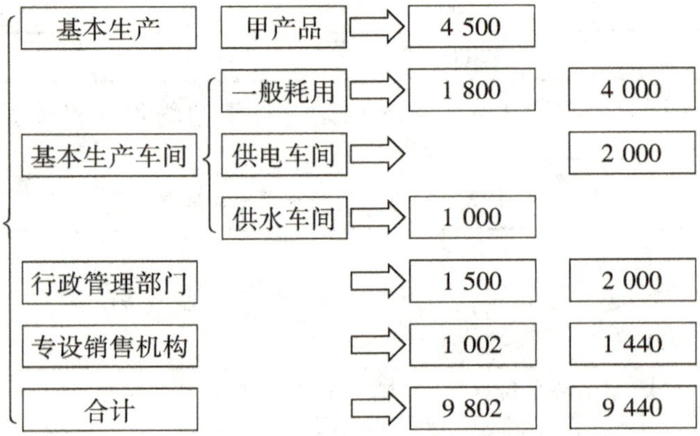

图 2 –4 –2　产品与劳务数量

从上述图中我们可以发现，右侧有两列数据，靠左侧的一列数据是各项目所以耗用的电量，最右侧的数据是各项目所耗用的水量。根据图中所出示的具体用量信息，我们就可以分别算出两个车间的分配率情况，分别如下：

供电车间费用分配率 =4 401 +8 802 =0. 5 （元/度）

供水车间费用分配率 =2 232 +7 440 =0. 3 （元/吨）

采用直接分配法编制的辅助生产费用分配如表 2 –4 –3 所示。

表 2 –4 –3　辅助生产费用分配表

项目	供电车间	供水车间	合计/元
待分配辅助生产费用/元	4 401	2 232	6 633
共赢辅助生产以外的劳务数量	8 802 度	7 440 吨	
费用分配率（单位成本）	0. 5 元/度	0. 3 元/吨	

续表

项目		供电车间	供水车间	合计/元
甲产品生产耗用	耗用数量	4 500 度		
	分配金额/元	2 250		2 250
基本生产车间耗用	耗用数量	1 800 度	4 000 吨	
	分配金额/元	900	1 200	2 100
行政管理部门耗用	耗用数量	1 500 度	2 000 吨	
	分配金额/元	750	600	1 350
专设销售机构耗用	耗用数量	1 002 度	1 440 吨	
	分配金额/元	501	432	933
分配金额合计		4 401	2 232	6 633

根据上书我们所出示的辅助生产费用分配表，会计分录工作的内容如图 2－4－3 所示。

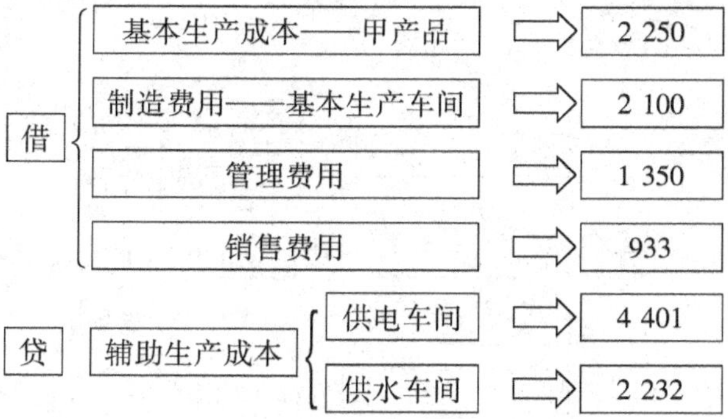

图 2－4－3　会计分录工作

2. 顺序分配法

顺序分配法又称梯形分配法，其计算公式如下：

$$\text{某辅助车间生产成本分配率}=\frac{\text{某辅助车间生产成本总额}+\text{各受益较小辅助车间分来的成本}}{\text{某辅助车间提供的劳务总量}-\text{各受益较小辅助车间耗用量}}$$

$$\text{受益单位应分配的辅助生产成本}=\text{某辅助车间生产成本分配率}\times\text{受益单位的受益数量}$$

单单是有公式不能运用也是纸上谈兵，现在我们将公式与现实生活中的例子结合，以便读者更好地理解。

以表 2－4－1 例子中的数据举例对顺序分配法的操作进行详细的说明。根据上述表格中我们提供的数据来制作辅助生产费用分配表，如表 2－4－4 所示。

表 2－4－4　辅助生产费用分配表

项目	机修车间		供电车间		合计
	数量/小时	分配金额/元	数量/度	分配金额/元	
待分配数量金额	12 000	10 000	42 000 (50 000 － 8 000)	7 966 (6 300 + 1 666)	17 966
分配率		0. 833		0. 190	
供电车间	2 000	1 666			
基本生产成本 A 产品	1 000	833	20 000	3 800	4 633
基本生产成本 B 产品	1 000	833	12 000	2 280	3 113
在建工程	2 000	1 666	5 000	950	2 616
管理部门	6 000	5 002	5 000	936	5 938
合计	12 000	10 000	42 000	1 966	17 966

接下来我们要做的就是将上述我们所出示的分配中的数据进行会计分录，如图 2－4－4 所示。

借：
- 基本生产成本——A 产品　4 633
- 基本生产成本——B 产品　3 133
- 辅助成产成本——供电车间　1 666
- 管理费用　5 938
- 在建工程　2 616

贷：辅助成产成本——供电车间　7 966

图 2－4－4　会计分录工作

采用上述我们所说的这种方法进行计算比采用普通的方法计算有一定的优越性，主要表现在计算的额过程中，其最大的优点就是简便，将辅助生产车间相互耗用劳务因素中的部分进行了考虑。但往往有优点的同时也会伴随一些缺点的出现，采用这种方法进行计算，唯一不能避免的就是会使得结果不够精准。

3. *交互分配法*

在采用交互分配法进行分配的过程中，我们需要对以下两个方面多加注意。

（1）根据各辅助生产车间相互提供的产品或劳务的数量和交互分配前的单位成本（费用分配率），在各辅助生产车间之间进行一次交互分配。

（2）将各辅助生产车间交互分配后的实际费用（交互分配前的成本费用＋交互分配转入的成本费用－交互分配转出的成本费用），再按提供产品或劳务的数量和交互分配后的单位成本（费用分配率），在辅助生产车间以外的各受益单位间进行分配。

辅助车间之间的额分配公式如下：

$$某辅助生产车间费用分配率=\frac{该辅助生产车间直接发生的费用}{该辅助生产车间提供的劳务总量}$$

受益辅助生产车间应分配的辅助生产费用＝该辅助生产车间耗用其他辅助生产车间劳务量×某辅助生产车间费用分配率

对辅助车间以外受益单位的分配公式如下：

$$某辅助生产车间费用分配率=\frac{该辅助生产车间直接发生费用+分配转入的费用-分配转出的费用}{该辅助生产车间提供的劳务总量-其他辅助生产车间耗用量}$$

某基本生产车间或管理部门应分配辅助生产费用＝该基本生产车间或管理部门劳务耗用数量×辅助生产车间费用分配率

为了更好地将公式运用到实际的工作中，我们举例说明，以便读者更好地理解。

例：

我们都知道，在一般的生产车间中都会配备两个最基本的雇主生产车间，这两个车间相互补给，互相作用给对方并提供一定的便利——供电车间与机修车间。用我们的常识想一想就能知道，供电车间是在企业生产中一刻都不能停的，一旦用电车间不运作，那么整个生产就会停止，而机修车间则不是这样，我们根据两个车间所耗用的能量来进行排位，将供电车间放在机修车间的前面。详细内容如表2－4－5所示。

表2－4－5　辅助生产车间劳务供应统计

车间名称	带分配辅助生产费用/元	计量单位	各部门耗用劳务数量						
			供电车间	机修车间	基本生产车间		管理部门	在建工程	合计
					A产品	B产品			
供电车间	6 300	度	8 000	20 000	12 000	5 000	5 000	50 000	
机修车间	10 000	小时	2 000		1 000	1 000	6 000	2 000	12 000

采用交互分配法对上述统计表中的数据进行生产费用的分配，如表2－4－6所示。

表2－4－6　生产费用分配

项目			交互分配			对外分配		
			供电	机修	合计	供电	机修	合计
待分配辅助生产费用			6 300	10 000	16 300	6 958		
劳务供应量			50 000	12 000		42 000		
单位成本			0.126	0.833 *		0.166 *		
辅助生产成本	供电车间	数量		2 000				
		金额		1 666				
	机修车间	数量	8 000					
		金额	1 008					
基本生产成本	A产品	数量				20 000	1 000	
		金额				3 320	934	4 254
	B产品	数量				12 000	1 000	
		金额				1 992	934	2 926
在建工程		数量				5 000	2 000	
		金额				830	1 868	2 698
管理费用		数量				5 000	6 000	
		金额				816 **	5 606 **	6 422
合计						6 958	9 342	16 300

之后我们需要做的就是根据上述我们所出示的分配表进行会计分录，如图2－4－5所示，其中（a）为交互分配的分录，（b）是对外分配的分录。

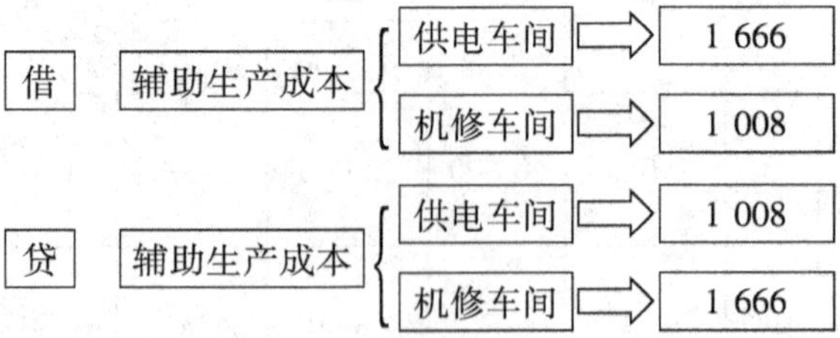

（a）

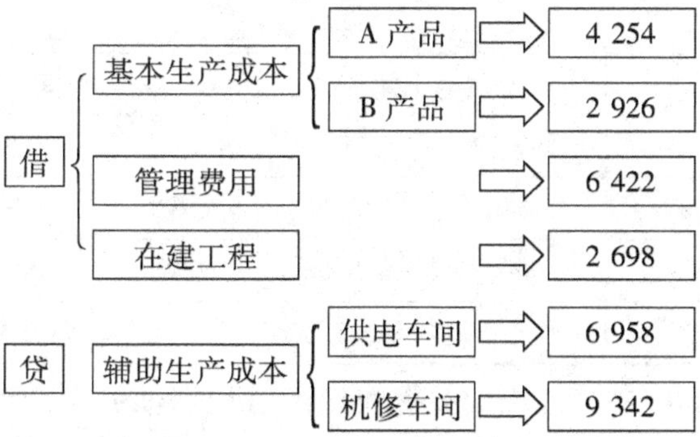

(b)

图 2-4-5　会计分录内容

4. 计划成本分配法

其费用包括辅助生产交互分配转入的费用在内，与按计划单位成本分配转出的费用之间的差额，也就是辅助生产产品或劳务的成本差异，可以追加分配给辅助生产以外的各受益单位，为了简化计算工作，也可以全部记入“管理费用”科目。

5. 代数分配法

在这里我们用上文中提到的的例子进行说明从而更好地理解代数分配法的计算方式。我们假设每度电单位成本为 x 元，机修车间的修理劳务每小时为 y 元，可得出：

$$6\ 300 + 2\ 00y = 50\ 000x \quad (1)$$

$$10\ 000 + 8\ 000x = 12\ 000y \quad (2)$$

通过对上述两个方程式的计算，我们可以得出 $x = 0.1637$，$y = 0.94247$

综合上述我们所得出的数据，之后我们需要做的就是编制辅助生产费用分配表。如表 2-4-7 所示。

表 2-4-7　辅助生产费用分配表

项目		供电车间		机修车间		合计/元
		数量/度	金额/元	数量/小时	金额/元	
分配率			0. 1637		0. 942 47	
辅助生成成本	供电车间			2 000	1 884. 94	1 884. 94
	机修车间	8 000	1 309. 60			1 309. 60
基本生产成本	A 产品	20 000	3 274. 00	1 000	942. 47	4 216. 47
	B 产品	12 000	1 964. 40	1 000	942. 47	2 906. 87

续表

项目	供电车间		机修车间		合计/元
	数量/度	金额/元	数量/小时	金额/元	
管理费用	5 000	818.50	6 000	5 654.82	6 473.32
在建工程	5 000	818.50	2 000	1 884.94	2 7.3.44
合计		8 185.00		11 309.64	19 494.64

根据上述表格中计算出的数据我们即可根据辅助生产成本分配做相应的会计分录工作，如图 2－4－6 所示。

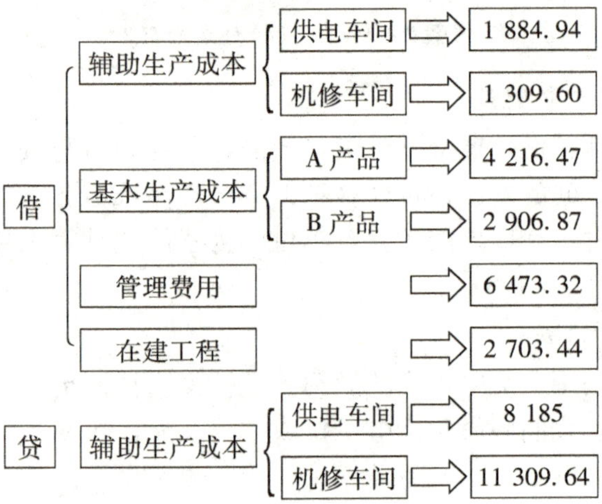

图 2－4－6　会计分录工作

（四）辅助生产费用的核算

从字面意义上来理解我们就能很清晰地知道，这种类型的生产费用并不是直接用于产品生产，是为产品生产提供一些相关的服务中所产生的费用，并不记录在产品成本当中。在计算过程中所要用的公式有以下几个，需要注意的是公式中的每一项数据都必须要精确，否则会影响到最后的计算结果。

某产品应承担的辅助生产成本＝该基本生产车间产品承担的辅助生产费用的分配率×该产品耗用辅助产品或劳务数量

$$该基本生产车间产品承担的辅助生产费用的分配率=\frac{该基本生产车间产品承担的辅助生产成本}{该基本生产车间产品耗用辅助产品或劳务的数量}$$

该基本生产车间产品耗用辅产品或劳务的耗用量＝该基本生产车间各种产品耗用的辅助产品或劳务数量之和

某企业设有发电车间、修理车间、运输车间三个辅助生产车间，第

一、第二两个基本生产车间。表2－4－8所示为200＊年＊月份各辅助生产车间在产品生产过程中所耗用的能量以及工作时间内所产生的具体劳动数量情况明细。

表2－4－8　辅助生产车间提供产品或劳务的情况

辅助生产车间／受益部门	供电车间（千瓦小时）	修理车间（小时）	运输车间（千克＊千米）
供电车间	—	300	4 500
修理车间	4 250	—	100
运输车间	750	200	—
第一基本生产车间	35 000	1 300	4 000
第二基本生产车间	30 000	900	2 500
销售部门	10 000	250	2 000
行政管理部门	25 000	50	1 500
合计	105 000	3 000	14 600

根据上述表中的数据所计算出的各辅助车间中生产产品所产生的费用情况明细，如表2－4－9所示。

表2－4－9　各辅助车间费用

辅助生产车间／成本项目	供电车间（元）	秀丽车间（元）	运输车间（元）
材料	46 930	4 590	8 860
工资	6 384	2 736	3 420
其他费用	14 936	6 174	9 620
合计	68 250	13 500	21 900
计划单位成本	0.80元千万/小时	5.00元/小时	1.70元/千克千米

通过对表格中的数据进行简单地计算我们即可得到如表2－4－10中所示数据。

表 2－4－10　辅助生产费用分配表

辅助生产车间			供电车间	修理车间	运输车间	合计
待分配费用额			68 250	13 500	21 900	103 650
产品或劳务计量标准			千瓦小时	小时	千克＊千米	—
分配率			0.682 5	5.4	2.19	—
受益部门	第一基本生产车间	数量	35 000	1 300	4 000	—
		金额	23 887.5	7 020	8 760	39 667.5
	第二基本生产车间	数量	30 000	900	2 500	—
		金额	20 475	4 860	5 475	30 810
	销售部门	数量	10 000	250	2 000	—
		金额	6 825	1 350	4 380	12 555
	行政管理部门	数量	25 000	50	1 500	—
		金额	17 062.5	270	3 285	20 617.5

根据上述表格中提供的数据，会计分录如图 2－4－7 所示。

（五）期间费用的核算

在前面的内容中我们也提到过期间费用的由来，这种类型的费用与企业产品的生产没有什么直接关系，图 2－4－8 所示为期间费用所包含的费用种类与来源。

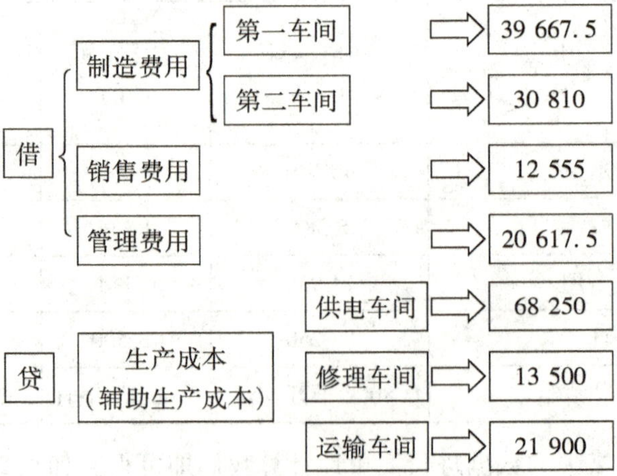

图 2－4－7　会计分录内容

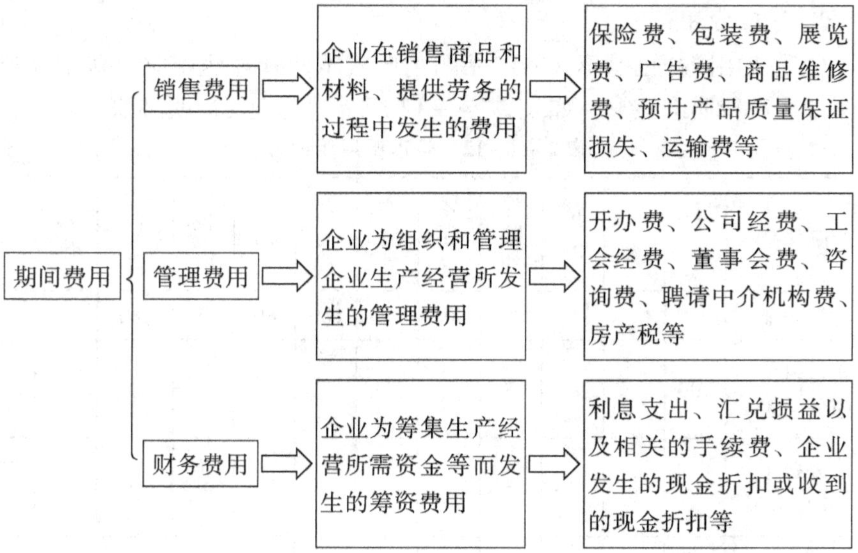

图 2－4－8　期间费用类别与内容

这种类型的费用主要是指一类不能直接归属于某个产品生产的费用中的一种费用，比如说财务费，财务费用发生在产品生产的整个过程中，我们不能就此说财务费是在生产产品时与产品有直接关系的费用。

1. 财务费用

此项费用不计入产品的生产成本。表 2－4－11 所示为财务费用明细账。

表 2－4－11　财务费用明细账

单位：元

摘要	利息支出	汇兑损失	手续费	其他	合计	转出	余额
利息收入	－100				－100		
利息支出	1 800				1 800		
支付手续费			200		200	1 900	1 900
本月合计	1 700		200		1 900	1 900	0

月末，结转财务费用直接记入“本年利润”账户，图 2－4－9 所示为会计分录。

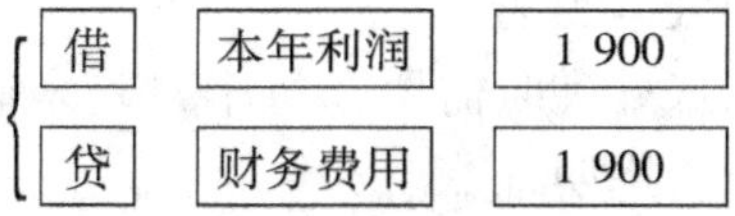

图 2－4－9　会计分录内容

2. 管理费用

此项费用同样也是不计入产品的生产成本，管理费用应按费用项目设置明细账进行明细核算，如表 2 – 4 – 12 所示为管理费用明细账。

表 2 – 4 – 12　管理费用明细账

摘要	材料	工资	折旧	保险费	修理费	水电费	办公费	运输费	税金	合计	转出	余额
付款凭证					300		100	80	500	980		
原材料费用分配表	200									200		
动力费用分配表						500				500		
工资及福利费分配表		400								400		
折旧分配表			900							9 010		
摊销保险费				100						100		
辅助生产费用分配表						200				200		3 280
转账凭证转出											3 280	
本月合计	200	400	900	100	300	700	100	80	500	3 280		0

会计分录如图 2 – 4 – 10 所示。

借	本年利润	3 280
贷	管理费用	3 280

图 2 – 4 – 10　会计分录内容

3. 销售费用

对于销售大家肯定都不陌生，销售所涉及的销售人员的费用、印个网点的费用、售后服务网点的费用等等都在销售费用的范围之内，此项费用，同样是不计入生产成本中的。

在对销售费用做入账处理时需要在每个月月末时根据各种费用分配表和有关凭证，登记销售费用明细账。

表 2－4－13　销售费用明细账

摘要	材料	工资	折旧	保险费	修理费	水电费	办公费	运输费	广告费	合计	转出	余额
付款凭证					400		50	60	100	610		
原材料费用分配表	180									180		
动力费用分配表						600				600		
工资及福利费分配表		500								500		
折旧分配表			800							800		
摊销保险费				50						50		
辅助生产费用分配表					300					300		3 040
转账凭证转出											3 040	
本月合计	180	500	800	50	700	600	50	60	100	3 040		0

到月末时，将销售费用直接转入“本年利润”账户，会计编制的分录如图 2－4－11 所示。

借	本年利润	3 040
贷	销售费用	3 040

图 2－4－11　会计分录工作

二、损失费用的核算

（一）停工损失的核算

这一类费用非常好理解，“停工”的意思就是企业的员工停止工作，这可能有两方面的原因，一是人为原因，二是不可抗拒的自然原因，比如说大雨或者是地质性的某种灾害，都是人所不能控制的。在这两种情况下，企业就会被迫停工，那么停工之后就会产生相应的损失费，当然，若是由于不可抗拒因素造成的停工，企业还需要支付给工人工资，这从某种程度上来说，也属于企业损失费的一部分。

例：

某企业一车间200＊年＊月份停工50小时，该车间生产工人工资分配率为5元/小时，制造费用分配率为4元/小时。假定该企业设置“停工损失”科目进行核算，且产品成本明细表设置了“停工损失”项目。

这个车间200＊年＊月的停工损失费的计算如下：

生产工人工资　$5 \times 50 = 250$（元）

计提的福利费　$250 \times 14\% = 35$（元）

制造费用　$4 \times 50 = 200$（元）

停工损失费合计　485（元）

（二）废品损失

在对费用的损失费用进行核算的过程中，我们首先要对费用的修复性做一判定。

1. 可修复废品

在企业生产过程中，比如说是机械化的生产线中，某台及其遇到故障不能正常运作，这时就要通过专业的检测确定这台机器是不是还能继续正常运作，如果通过检测，发现机器可以通过维修的方式进行工作，那么，就可以不作为废品处理，当然，通过维修也不能使之恢复正常运作的机器就会被作为废品处理掉。

2. 不可修复废品

实际工作中在对不可修复废品进行核算时，我们主要采取以下两种方式进行核算，这两种方法在实际运用中各有各的优势，因此在选择计算方法的时候要根据实际情况进行合理选择，图2－4－12中所示的两种方法供读者在实际中选择使用。

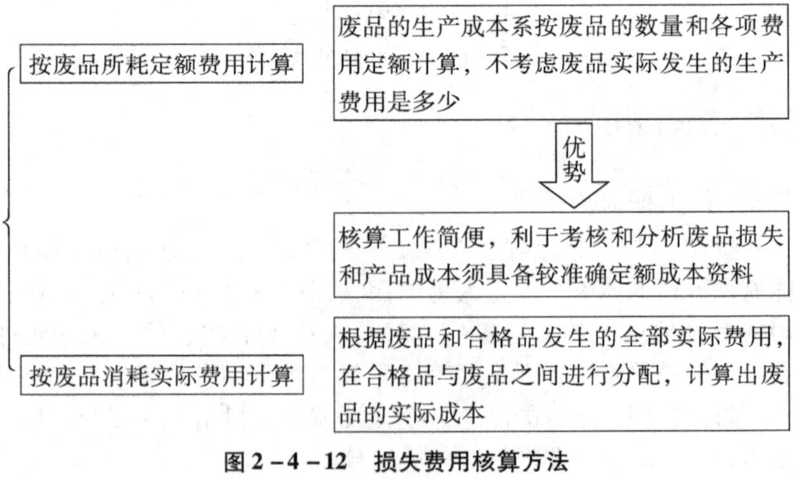

图2－4－12　损失费用核算方法

（三）废品损失的核算

在实际操作中废品损失的核算方法主要有两种。

1. 只反映非常范围废品损失的核算

非常范围内的废品会给企业带来额外的成本，是一种无效成本，所以应作为废品进行处理。而对于正常范围内的废品包括在成本之内，把非常范围的废品专门核算，作为当期费用损失处理。

2. 废品全部的核算

这种核算的方式同样有两种计算形式可供读者在实际核算时作为参考计算的方法。

（1）按定额成本计算废品损失。按照单位产品的定额成本和实际发生废品数量以及发现废品时已经投入的原料和已经加工的程度进行计算的。

（2）按废品所耗实际费用计算。按成本项目将经费用在合格品和废品之间进行分配。假如说原材料在开始生产时是一次投入，那么材料费用可按照合格品与废品的数量的比例进行分配；而另一种相反的情况，如果不是在开始生产时一次投入，那么就可以采用适当的方法将废品折合成合格品的数量进行分配。其余各成本项目可按照合格品和废品的工时比例进行分配，其计算公式如下，需要注意的是公式中的每一项数据都必须精确，否则会影响到最后的计算结果。

$$材料费用分配率 = \frac{材料费用总额}{合格品数量 + 废品数量}$$

$$废品的材料费用 = 废品数量 \times 材料费用分配率$$

$$其他费用分配率 = \frac{某项其他费用数额}{合格品工时 + 废品工时}$$

$$废品其他费用 = 废品工时 \times 其他费用分配率$$

在此我们以不可修复废品的计算为例，以便读者能够更好地掌握此种计算方式。

例：

某企业生产 A 产品 400 件，其中不可修复品为 10 件，共发生工时 10 000 工时，其中废品为 150 小时。该产品共发生费用：直接材料为 80 000 元，直接工资为 30 000 元，制造费用为 40 000 元，废品回收残值 400 元，原材料是在生产开始时一次投入。根据上述资料所编制废品损失计算如表 2－4－14 所示。

表 2－4－14　废品损失计算表

产品名称：A　　　　　　200＊年＊月　　　　　　单位：元

项目	数量	直接材料	生产工时	直接工资	旨在费用	合计
费用总额	400	80 000	10 000	30 000	40 000	150 000
分配率		200		3	4	
废品已耗成本	10	2 000	150	450	600	3 050
减：废品残值		400				
废品净损失		1 600		450	600	2 650

根据上表中的数值，会计需要编制的分录主要有三个部分，分别是：转结废品成本（计入废品损失明细账）、回收废品残值以及可修复损失和不可修复废品净损失转入该种合格品成本。

结转废品成本	借	废品损失	甲产品	3 050
	贷	生产成本	基本生产成本	3 050

图 2－4－13　转结废品成本

回收废品残值	借	原材料		400
	贷	废品损失	A 产品	400

图 2－4－14　回收废品残值

借	生产成本	基本生产成本	3 550
贷	废品损失	A 产品（900＋2 650）	3 550

图 2－4－15　可修复损失与不可修复废品净损失

第五节　企业生产费用在完工产品和在产产品之间的分配与归集

一、在产品数量的核算

月末在产品费用、本月生产费用、本月完工产品费用和月末在产品费用之间的关系，可用下列公式进行计算，需要注意的是公式中的每一项数据都必须要精确，否则会影响到最后的计算结果。

月初在产品费用＋本月生产费用＝本月完工产品费用＋月末在产品费用

（一）在产品清查的核算

在产品需要定期进行清查，也可以不定期进行轮流清查，使得在产品账实相符，保护在产品的安全完整。

在产品的清查我们通过下面的例子来进行说明，如图 2 –5 –1 所示分别为 A 产品、B 产品、C 产品以及自然灾害与保险公司赔偿金额。

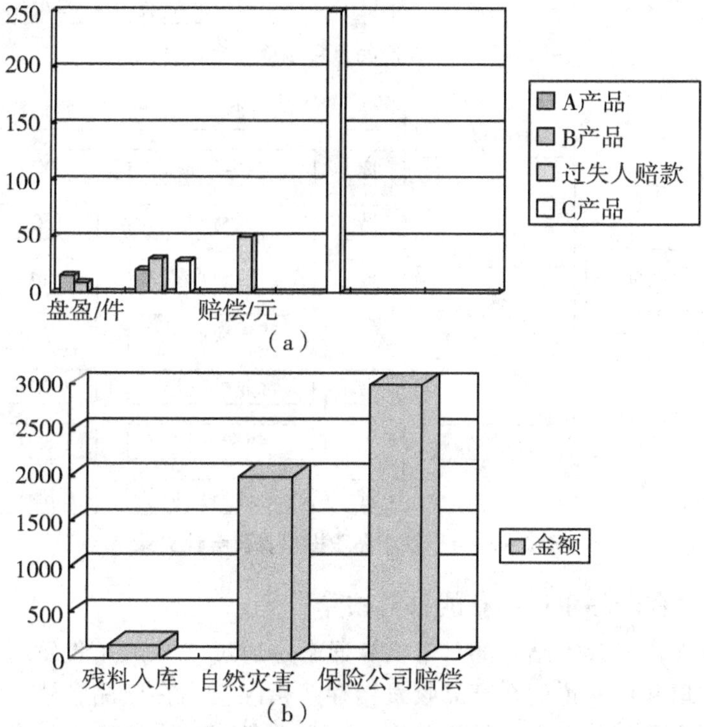

图 2 –5 –1　产品清查核算金额明细

以此我们能够得出在产品盘盈、在产品盘亏、在产品毁损的核算，具体如图 2 –5 –2 至图 2 –5 –4 所示。

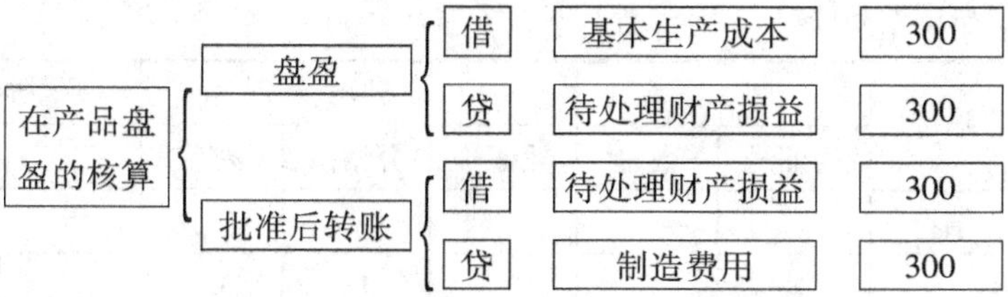

图 2 –5 –2　在产品盘盈核算及会计分录

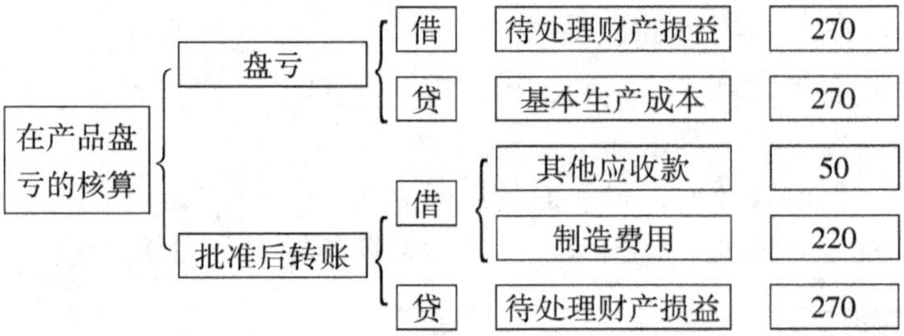

图 2－5－3　在产品盘亏核算及会计分录

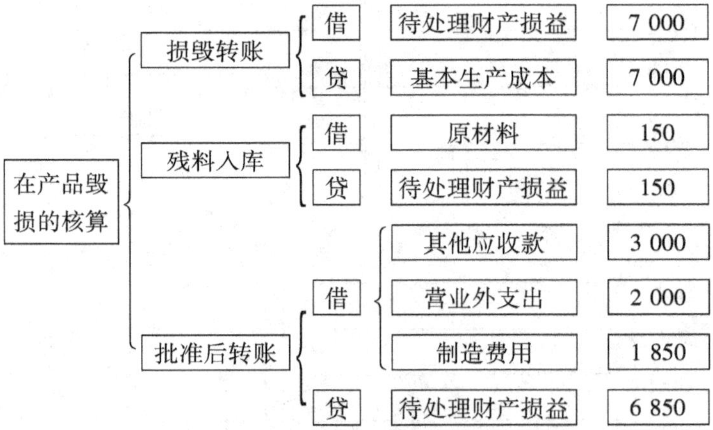

图 2－5－4　在产品毁损核算及会计分录

（二）在产品生产结存的日常核算

车间在产品收发结存的日常核算通常是通过“在产品收发结存账”进行的，这里我们所说的在产品收发结存账指的就是在产品台账，该账分车间并按照产品品种和在产品的名称（零部件名称）设置，提供车间各种在产品收发结存动态的业务核算资料，表 2－5－1 所示为在产品收发结存账的详细内容。

表 2－5－1　在产品收发结存账

车间名称：第一车间　　　　零部件名称、编号 3090　　　　单位：件

日期	摘要	收入		转出			结存	
		凭证号	数量	凭证号	合格品	废品	完工	未完工
07－04	结存						5	3
07－15			8		12			1
合计			228		221	4	10	1

二、完工产品和在产品之间分配方法

具体方法如图 2 –5 –5 所示。

方法	说明	标注
不计算在产品成本	在产品不计算在产品成本，适用于各月月末在产品数量很少，算不算在产品成本对于完工产品成本的影响小	
在产品成本按固定数计算	适用于在产品数量较小，或者在产品数量虽大但各月之间在产品数量变动不大，月初、月末在产品成本的差额不大，算不算各月在产品成本的差额，对完工产品成本的影响不大	
在产品成本按耗用材料费用计算	在产品只计算其所耗用的原材料费用，不计算职工薪酬等加工费用，产品的加工费用全部由完工产品成本负担，某种产品的全部生产费用减月末在产品原料费用即可得出完工产品的成本	Ⅰ
约当产量法	适用于月末在产品数量较大、各月末在产品数量变化也较大，产品成本中原材料费用和直接人工等加工费用的比重相差不多的产品	
完工产品计算法	适用于月末在产品已经接近完工或者已经完工，只是尚未包装或者尚未验收入库的产品。此时在产品成本已接近完工产品成本，为简化核算了将月末的产品视同完工产品，按照两者的数量比例分配原材料费用和各项加工费用	
在产品按定额成本计算	月末在产品的各项费用按各项费用定额计算，在产品成本按其数量和单位定额成本计算。	Ⅱ
定额比例法	生产费用按照完工产品与月末在产品定额消耗量或定额费用的比例进行分配	Ⅲ

图 2 –5 –5　完工产品和在产品之间分配方法

（1）在上图中，标有Ⅰ的计算方法在计算过程中需要用到如下公式：

完工产品成本 = 本月投入费用 +（月初在产品成本 – 月末在产品成本）

（2）在标有Ⅱ的计算方法中计算过程中需要用到如下公式：

完工产品成本 = 月初在产品费用 + 本月生产费用 – 按定额单位成本计算的月末在产品成本

在产品定额成本 = 在产品直接材料定额成本 + 在产品直接人工定额成本 + 在产品制造费用定额成本

在产品直接材料定额成本 = 在产品实际数量 × 单位在产品材料消耗定额 × 直接材料计划单价

在产品直接人工定额成本 = 在产品实际数量 × 单位在产品公式定额 × 计划小时工资率

在产品制造费用定额成本 = 在产品实际数量 × 单位在产品公式定额 × 计划小时费用率

（3）标有Ⅲ的计算方法在计算过程中需要用到如下公式：

$$直接材料分配率 = \frac{月初在产品材料费用 + 本月材料费用}{完工产品定额材料费用 + 月末在产品定额材料费用}$$

完工产品直接材料成本 = 完工产品定额材料费用 × 直接材料分配率

月末在产品直接材料成本 = 月末在产品定额材料费用 × 直接材料分配率

$$直接人工（制造费用分配率） = \frac{月初在产品直接人工费用 + 本月直接人工费用（或制造费用）（或制造费用）}{完工产品定额工时 + 月末在产品定额工时}$$

完工产品直接人工成本 = 完工产品定额工时 × 直接人工（或制造费用）分配率

月在产品直接人工成本（或制造费用）= 月末在产品定额工时
× 直接人工（或制造费用）分配率

第三章 产品成本核算的基本方法及其应用

在使用产品成本计算方法的过程中，企业生产类型的特点及成本管理的要求决定产品成本计算对象，而成本计算对象又决定产品成本的计算方法。

第一节 生产特点与管理要求对产品成本核算的影响

对产品成本和期间费用的正确计算，要充分发挥成本核算信息的作用，正确划分各种费用，正确确定财产物资的计价和价值结转方法，很好地落实各项基础工作，此外，成本核算提供的信息还要满足企业管理的要求。

因为，处在不同行业的企业，其产品特性存在很大的差异，如食品行业与钢铁行业，其生产工艺流程和产品组织生产方式及管理要求上有着不同的标准，故应选择不同的产品成本计算方法计算产品的生产成本。

一、产品的生产组织特点

1. 大量生产

大量生产如纺织、发电、水泥、造纸、酿酒、大众用品等行业的生产，是一种不间断地重复相同产品的生产。大量生产具有品种稳定、产量大、重复性强、专业化水平高等特点。

2. 成批生产

成批生产是指按照事先规定的产品规格和数量，每隔一定时期成批重复制造某种产品的生产，如服装、车辆、电器等行业的生产。成批生产具有产量较大、品种较多、生产具有一定重复性的特点，按照产品批量的大小，又可以分为大批生产和小批生产。

3. 单件生产

单件生产如船舶、发电设备、重型机械、高级定制服装等行业的生产，是根据订货者的要求，进行某种特定型号、规格、性能等产品的生产。单件生产具有产量少、品种多、重复性小的特点。

根据三类生产组织的特点，大批生产由于产品批量大，企业需在较长一段时间内进行一种或几种产品的不断重复生产，其性质类似于大量生产；小批生产性质类似于单件生产，产品批量小，生产周期短。实务中，由于大量和大批的界限、单件和小批的界限很难划分，通常合在一起称为大量大批生产和单件小批生产。

二、产品的生产工艺过程特点

1. 单步骤生产

单步骤生产如发电、采掘、供水、供气、铸造、化工等工业生产，具有生产地点不便于分散或生产工艺过程不能间断的特点。这种生产工艺具有技术简单，生产周期短，工艺过程高度连续、集中，产品生产只能由一个车间或一个企业独立完成的特点。

2. 多步骤生产

生产分散在不同地点、分别在不同时间进行的生产过程，或由若干个在工艺过程中可间断的加工步骤组成的生产。

多步骤生产一般生产工艺过程间断、独立，生产周期较长，工艺技术复杂，生产由多个企业或车间协作完成的特点。为加强各步骤产品的管理和核算，不仅要求计算最后步骤的产品成本，而且还要求计算中间步骤产品（半成品）的成本。因此，管理上一般要求反映多步骤生产中各步骤的成本信息。

企业生产特点可以用简图描述，如图 3－1－1 所示。

- 企业生产特点
  - 生产组织特点
    - 大量生产：连续不断重复生产一种或若干种产品
    - 成批生产
      - 大批生产：类似于大量生产，归为大量生产一类
      - 小批生产：批量较小，一批产品往往可同时完工
    - 单件生产：类似于小批生产，归为小批生产一类
  - 工艺过程特点
    - 单步骤生产：不可能或者不需要划分为几个生产步骤
    - 多步骤生产：由若干可以间断的，分散在不同地点进行的生产步骤所组成

图 3－1－1

通常来讲，企业生产过程中生产工艺过程与生产组织是有机地结合在一起的。

三、生产特点和成本管理要求与产品成本计算方法的关系

产品成本计算方法的内涵包括以下几个方面。

（一）成本计算方法的内涵

1. 成本计算对象的确定

成本计算始于对成本的计算对象的确定。成本计算对象是指以一定时间、空间范围为前提条件而存在的成本计算实体。生产企业成本计算对象的差异源于生产特点和管理要求的不同。

2. 成本明细账及其成本项目的设置

确定成本计算对象后，企业应根据确定的成本计算对象作为明细科目，并设置相应的基本生产成本明细账户。

3. 划分产品成本，确定完工产品总成本和单位成本

成本计算期末，倘若同时存在完工产品和在产品，按成本计算对象归集的生产费用，在完工产品与月末在产品之间进行分配，最后计算出完工产品和月末在产品的总成本。

4. 成本计算期的确定

成本计算期指归集生产费用计算产品成本的起讫日期，也就是每间隔多长时间计算一次完工产品的成本。一般分为定期和不定期两种，通常由企业的生产特点决定。

5. 生产费用的归集与分配

对生产成本的计算，首先将本期发生的原材料、燃料、动力、职工薪酬、固定资产折旧等要素费用，逐项进行归集与分配，然后进行制造费用、辅助生产成本、生产损失等一系列归集和分配程序，最后汇总计入企业设置的基本生产成本明细账的成本项目内。

（二）生产特点和管理要求对产品成本计算的具体影响

1. 对成本计算对象的影响

小批生产企业，生产按订单或者批别组织，往往每批产品同时投产，同时完工，为考核、分析各批产品成本水平对生产费用的归集可能按照产品批别或订单。单件生产，可以视为批量最小的小批生产。因此，在单件小批生产下，可以将产品生产批别作为成本计算对象。

大量重复生产一种或多种的产品，成本的计算只能按照产品品种进

行，因为这种生产往往在几个月内不断重复着相同的产品，与连续生产相似，一般以产品品种作为成本计算对象。因此，在大量大批生产下，以产品品种作为成本计算对象，按品种归集生产费用。

2. 对成本计算期的影响

企业的生产组织决定成本计算期。对于每月都有大量产品完工的大量大批生产的企业，需要按月计算完工产品成本。

单件小批生产的企业，每月不一定有完工产品，而且各件或各批产品的生产周期各不相同，通常要等各件或各批产品完工后才能计算成本。

3. 对完工产品和月末在产品成本计算的影响

对多步骤生产期末是否需要划分完工产品与在产品成本，同样需要综合考虑其生产组织方式的特点。多步骤的单件小批生产，由于要在各件或各批产品完工后才能计算产品成本，因而各月月末虽然可能存在在产品，但一般完工产品和月末在产品不同时存在，也就不存在生产费用在完工产品和在产品之间分配。

上述生产特点和管理要求对成本计算基本方法的影响可以归纳如下，如表 3－1－1 所示。

表 3－1－1　生产特点和管理要求与产品成本计算的关系

生产特点		管理要求	成本计算对象	成本计算期	完工产品和在产品成本划分	成本计算方法
工艺过程	生产组织方式					
单步骤生产	大量大批生产		品种	定期	不需要	品种法
	单件小批生产	要求分批计算成本	批别	不定期	不需要	分批法
多步骤生产	大量大批生产（连续式或装配式多步骤）	不要求分步骤计算成本	品种	定期	需要	品种法
		要求分步骤计算成本	步骤	定期	需要	分步法
	单件小批生产（装配式多步骤）	要求分批计算成本	批别	不定期	不需要	分批法

第二节　产品成本核算的品种法及其应用

一、品种法的概念和适用范围

品种法，顾名思义，是对产品成本的计算以产品的品种作为计算对象的一种方法，它是产品成本计算最基本的方法，也是成本计算方法的基础。

它主要适用于如发电、采掘、铸造以及辅助生产的供水、供电、供气等大量大批单步骤生产类型的企业。

此外，如果在大量大批多步骤生产企业，生产规模较小；或者生产是按流水线组织的，且管理上不要求提供分步骤的成本资料；或者车间是封闭式的（从原材料投入到产品产出均在一个车间内进行）企业，也可以采用品种法计算产品成本。如铸造厂和玻璃制品熔制厂等。

二、品种法的特点

采用品种法计算产品的成本，适用的生产类型以产品的生产组织划分，属于大量大批生产；以工艺特点划分，属于单步骤生产。因此，品种法在成本计算对象、成本计算期和生产费用在完工产品与月末在产品之间的分配方面有如下特点：

（一）以产品品种为成本计算对象

以产品的品种作为成本计算对象，是品种法区别于其他基本成本计算方法的根本特点，因此，品种法对各种生产费用的归集需按产品品种设置产品成本计算单和产品成本明细账。

1. 一种产品

只生产一种产品的企业，该种产品自然就成为成本计算对象，全部生产费用都是直接费用，直接计入该产品成本明细账的有关成本项目中。

2. 多种产品

生产多种产品的企业，每种产品都作为成本计算对象，凡各种产品发生的直接计入生产费用，直接计入各产品成本明细账；发生的间接计入生产费用则需按适当的方法分配计入各种产品成本明细账，间接计入生产费用（即间接费用）。间接计入的情形主要包括：①对于几种产品共同耗用而又分不清应由哪种产品负担多少的间接生产费用，需要在“制造费用”

账户先归集，再采用适当的方法分配计入各种产品成本明细账；②几种产品共同耗用而又分不清应由哪种产品负担多少的直接生产费用，需采用适当的分配方法在各种产品之间分配。

（二）按月定期计算产品成本

采用品种法计算产品成本的企业，大多采用连续不断地重复生产一种产品或几种产品的大量大批生产方式，因而很难确定产品的生产周期。因此，不能等到产品全部制造完工才进行产品成本计算，一般需要按月计算产品成本。

（三）生产费用在完工产品和在产品之间的分配

单步骤的大量大批生产，一般不存在尚未完工的在产品，所占生产费用金额不大，按照重要性原则，月末可不计算在产品成本。

三、品种法的分类

按照品种法应用的不同企业类型，可分为简单品种法和典型品种法。

1. 简单品种法

简单品种法多应用于大量大批单步骤生产企业，由于产品品种单一，通常极少有在产品，成本计算程序简单，此类企业采用的品种法可称为简单品种法。对应一些企业内部辅助生产车间的成本计算，如供水、供电、供气等单步骤大量生产的劳务成本计算也可采用简单品种法。

2. 典型品种法

典型品种法多应用于不要求按生产步骤计算产品成本的小型多步骤生产企业，由于生产工艺过程较复杂，存在一定的在产品，除了按不同产品品种设置产品成本计算单，还需对每种产品的完工产品成本和月末在产品成本进行计算。这类企业采用的品种法有别于简单品种法的成本计算程序，但又是多数企业普遍采用的成本计算方法，因此称为典型品种法。

四、品种法的成本核算程序

品种法的成本计算程序也是成本计算的一般程序，见图3－2－1。

其中：①根据原始凭证编制各种要素费用分配表；②分配各种要素费用；③分配辅助生产费用；④分配制造费用；⑤归集不可修复废品的生产成本；⑥结转废品净损失；⑦结转期间费用；⑧计算并结转完工产品成本。

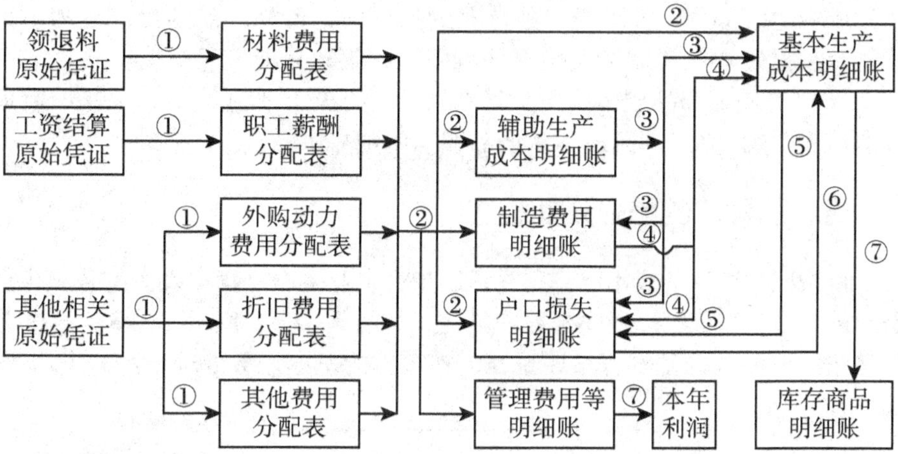

图 3－2－1

图 3－2－1 仅反映了品种法的成本核算主要程序，忽略了跨期摊销费用的归集与摊销。其成本计算主要程序如下。

（1）设置成本明细账。按产品的品种设置成本明细账或成本计算单，通常包括直接材料、直接人工、制造费用等成本项目。本月生产成本明细账的月初在产品成本，即为上月月末在产品应承担的成本。

（2）对生产过程所发生的各种费用进行审核、归集和分配。这一步骤主要是对各种要素费用分配表的编制。对于为生产某种产品所发生的直接生产费用，如直接材料、直接人工，可以根据原始凭证和费用分配表，直接计入该产品成本明细账对应的成本项目中；对于间接生产费用，一般先按发生地点归集（如计入“制造费用”），然后再按合适的标准分配计人各产品成本明细账。

（3）对辅助生产费用进行归集和分配。根据“辅助生产成本”明细账归集的累计生产费用总额，编制“辅助生产费用分配表”，并登记到产品成本明细账和其他受益单位的明细账中。

（4）对制造费用进行归集和分配。将辅助生产车间的制造费用结转至“辅助生产成本”；在辅助生产费用分配后，也完成了对基本生产车间的制造费用的归集。因此，月末对制造费用的分配，主要是对本生产车间的制造费用进行分配，一般通过编制“制造费用分配表”，将归集的制造费用在生产的各种产品之间进行分配。

（5）对废品损失进行归集和结转。需要单独核算废品损失时，则需要设置“废品损失”账户归集各种产品的可修复和不可修复废品损失，扣除回收残值和应收赔款等，将废品净损失转入各种产品的成本明细账，构成产品成本的一部分；如果不单独核算废品损失，各种产品的可修复和不可修复废品损失则在“制造费用”明细账中归集和分配。

（6）对完工产品成本进行计算和结转。月末，通过编制“完工产品成本汇总表”，将完工产品成本从产品成本明细账中转出。

五、品种法的账务处理程序

可按照品种法的成本计算程序，逐步将企业生产过程中发生的各项生产费用进行归集和分配，用T形账户描述，如图3－2－2所示。图3－2－2是品种法的账务处理基本程序，也是成本核算的基本账务处理程序。

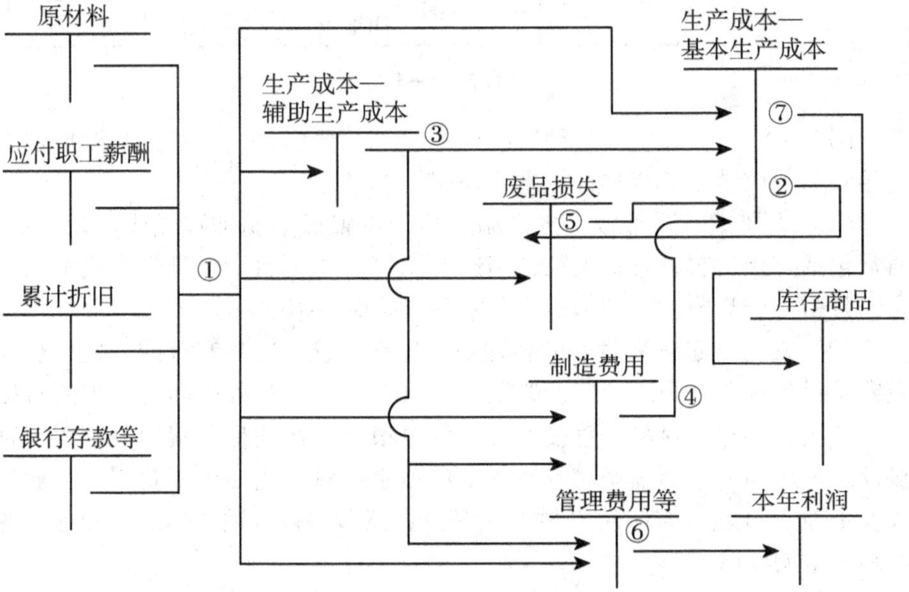

图3－2－2

其中：①分配要素费用；②归集不可修复废品损失费用；③分配辅助生产费用；④分配制造费用；⑤结转废品损失；⑥结转期间费用；⑦产品完工入库。

六、品种法应用举例

某企业大量生产A、B两种产品，生产工艺为单步骤生产，采用品种法为成本计算方法。此外，该企业还设有机修和运输两个辅助生产车间，辅助生产车间的制造费用不通过“制造费用”科目核算，不单独核算废品损失。

下面以该企业各项费用资料为例，说明品种法成本核算的程序和相应的账务处理。

1. 开设产品成本明细账

该企业采用品种法，开设“基本生产成本——A 产品”明细账和“基本生产成本——B 产品”明细账。

2. 归集、分配各种要素费用

（1）编制 5 月份各项货币支出汇总表（假定全部用银行存款支付），详见表 3－2－1。

表 3－2－1　银行存款付款凭证汇总表（分配表 1）

2010 年 5 月　　单位：元

应借科目			金额
一级科目	明细科目	成本或费用项目	
辅助生产成本	机修车间	办公费	1 700
		其他	1 080
		小计	2 780
	运输车间	办公费	2 500
		其他	1 100
		小计	3 600
		办公费	3 200
		其他	600
		小计	3 800
管理费用		办公费	6 000
		差旅费	5 000
		税金	1 000
		其他	3 000
		小计	15 000
销售费用		办公费	3 000
		广告费	80 000
		其他	2 000
		小计	85 000
合计			110 180

借：辅助生产成本——机修车间　2 780
　　辅助生产成本——运输车间　3 600
　　制造费用——基本生产车间　3 800
　　管理费用　15 000
　　销售费用　85 000
　　贷：银行存款　110 180

（2）编制材料费用分配表，详见表3－2－2。

表3－2－2　材料费用分配表（分配表2）

2010年5月　　　　单位：元

应借科目			金额
总账科目	明细科目	成本项目或费用项目	
基本生产成本	A产品	直接材料	32 000
	B产品	直接材料	39 000
	小计		71 000
辅助生产成本	机修	直接材料	1 100
	运输	直接材料	5 500
	小计		6 600
制造费用		机物料消耗	320
管理费用		消耗材料	450
销售费用		消耗材料	900
合计			79 270

借：基本生产成本——A产品　32 000
　　基本生产成本——B产品　39 000
　　辅助生产成本——机修车间　1 100
　　辅助生产成本——运输车间　5 500
　　制造费用——基本生产车间　320
　　管理费用　450
　　销售费用　900
　　贷：原材料　79 270

（3）编制外购动力费分配表，详见表3－2－3。

表3-2-3　外购动力费用分配表（分配表3）

2010年5月　　　　　　　　　　　　　　　　　　　　单位：元

应借科目		电费（0.8元/度）		水费（3.5元/吨）		合计/元
		用量/度	金额/元	用量/吨	金额/元	
基本生产成本	A产品	8 800	7 040			7 040
	B产品	15 200	12 160			12 160
	小计	24 000	19 200			19 200
辅助生产成本	机修	400	320	180	630	950
	运输	100	80	300	1050	1 130
	小计	500	400	480	1 680	2 080
制造费用		3 600	2 880	900	1 680	4 560
管理费用		600	480	240	3 150	3 630
销售费用		300	240	180	840	1 080
合计		29 000	23 200	1 800	7 350	30 550

借：基本生产成本——A产品　7040
　　基本生产成　B产品　1 2160
　　辅助生产成本——机修车间　950
　　辅助生产成本——运输车间　1 130
　　制造费用——基本生产车间　4 560
　　管理费用　3 630
　　销售费用　1 080
　　贷：应付账款（或银行存款）　30 550

（4）编制职工薪酬分配表，详见表3-2-4。

表3-2-4　职工薪酬费用分配表（分配表4）

2010年5月　　　　　　　　　　　　　　　　　　　　单位：元

应借科目		应付职工薪酬——工资	应付职工薪酬——职工福利	合计
基本生产成本	A产品	46 000	6 440	52 440
	B产品	72 000	10 080	82 080
	小计	118 000	16 520	134 520
辅助生产成本	机修	8 000	1 120	9 120
	运输	10 000	1 400	11 400
	小计	18 000	2 520	20 520

续表

应借科目	应付职工薪酬——工资	应付职工薪酬——职工福利	合计
制造费用	20 000	2 800	22 800
管理费用	60 000	8 400	68 400
销售费用	30 000	4 200	34 200
合计	246 000	34 440	280 440

借：基本生产成——A 产品　52 440
　　基本生产成本——B 产品　82 080
　　辅助生产成本——机修车间　9 120
　　辅助生产成本——运输车间　11 400
　　制造费用——基本生产车间　22 800
　　管理费用　68 400
　　销售费用　34 200
　　贷：应付职工薪酬　280 440

（5）编制折旧费用分配表，详见表 3 -2 -5。

表 3 -2 -5　固定资产折旧费用分配表（分配表 5）

2010 年 5 月　　单位：元

应借科目	辅助生产成本		制造费用	管理费用	销售费用	合计
	机修车间	运输车间	基本生产车间			
折旧费用	5 025	6 870	36 430	980	490	49 795

借：制造费用——基本生产车间　36 430
　　辅助生产成本——机修车间　5 025
　　辅助生产成本——运输车间　6 870
　　管理费用　980
　　销售费用　490
　　贷：累计折旧　49 795

（三）归集、分配辅助生产费用

（1）根据上述各种费用分配表，登记辅助生产成本明细账，详见表 3 -2 -6，表 3 -2 -7。

表 3－2－6　辅助生产成本明细账

车间名称：机修车间　　2010 年 5 月　　单位：元

日期	摘要	原材料	动力费	职工薪酬	折旧费	办公费	其他	合计	转出	余额
5. 31	根据分配表 1					L 700	1 080	2 780		
5. 31	根据分配表 2	1 100						1 100		
5. 31	根据分配表 3		950					950		
5. 31	根据分配表 4			9 120				9 120		
5. 31	根据分配表 5				5 025			5 025		
5. 31	费用合计	L 100	950	9 120	5 025	1 700	1 080	18 975		18 975
5. 31	根据分配表 6						285	285	19 260	
5. 31	合计	L 100	950	9 120	5 025	1 700	1 365	19 260	19 260	0

表 3－2－7　辅助生产成本明细账

车间名称：运输车间　　2010 年 5 月　　单位：元

日期	摘要	原材料	动力费	职工薪酬	折旧费	办公费	其他	合计	转出	余额
5. 31	根据分配表 1					2 500	1 100	3 600		
5. 31	根据分配表 2	5 500						5 500		
5. 31	根据分配表 3		1 130					1 130		
5. 31	根据分配表 4			11 400				11 400		
5. 31	根据分配表 5				6 870			6 870		
5. 31	费用合计	5 500	1 130	11 400	6 870	2 500	1 100	28 500		28 500
5. 31	根据分配表 6						759	759	29 259	
5. 31	合计	5 500	1 130	11 400	6 870	2 500	1 859	29 259	29 259	0

（2）选用适当的方法分配辅助生产费用。若该企业对辅助生产费用的分配采用的是交互分配法，辅助生产费用分配表的编制详见表 3－2－8。

表 3-2-8　辅助生产费用分配表（分配表 6）

2010 年 5 月　　　　　　　　　　　　　　　　　　　单位：元

项　目		交互分配		对外分配		合计
		机修	运输	机修	运输	
待分配辅助生产费用		18 975	28 500	18 501	28 974	47 475
劳务供应数量		500 小时	30 000 公里	480 小时	2 970 公里	
单位成本（分配率）		37.95	0.95	38.54’	0.98’	
机修车间	耗用数量		300 公里			
	分配金额		285			
运输车间	耗用数量	20 小时				
	分配金额	759				
基本生产	耗用数量			400 小时	9 700 公里	
	分配金额			15 416	9 506	24 922
管理部门	耗用数量			30 小时	8 000 公里	
	分配金额			1 156.2	7 840	8 996.2
销售部门	耗用数量			50 小时	12 000 公里	
	分配金额			1 928.8”	11 628”	13 556.8
分配金额合计				18 501	28 974	47 475

四舍五入，保留两位小数点;”尾差记入销售费用。

借：辅助生产成本——机修车间　285
　　辅助生产成本——运输车间　759
　　贷：辅助生产成本——机修车间　759
　　辅助生产成本——运输车间　285

借：制造费用——基本生产车间　24 922
　　管理费用　8 996.2
　　销售费用　13 556.8
　　贷：辅助生产成本——勘穆车间　18 501
　　辅助生产成本——运输车间　28 974

（四）分配基本生产车间制造费用

（1）登记基本生产车间制造费用明细账，详见表 3-2-9。

表3-2-9　制造费用明细账车间

名称：基本生产车间　　　　2010年5月　　　　单位：元

日期	摘要	机物料消耗	动力费用	职工薪酬	折旧费	修理费	运输费	办公费	其他	合计	转出	余额
5.31	据分配表1							3 200	600	3 800		
5.31	据分配表2	320								320		
5.31	据分配表3		4 560							4 560		
5.31	据分配表4			22 800						22 800		
5.31	据分配表5				36 430					36 430		
5.31	据分配表6					15 416	9 506			24 922		
5.31	据分配表7									0	92 832	
5.31	合计	320	4 560	2 2800	36 430	15 416	9 506	3 200	600	92 832	92 832	0

（2）选用适当的方法分配制造费用。若该企业按生产工时分配基本生产车间制造费用，编制制造费用分配表，见表3-2-10。

表3-2-10　基本生产车间制造费用分配表（分配表7）

2010年5月　　　　单位：元

应借科目		生产工时	待分配费用	分配率	分配金额
总账科目	明细科目				
基本生产成本	A产品	2 400	92 832	15.47’	37 128
	B产品	3 600			55 704”
合计		6 000			92 832

’四舍五入，保留两位小数点；”尾差记入B产品成本。

借：基本生产成本——A产品　37 128

　　基本生产成本——B产品　55 704

　　贷：制造费用——基本生产车间　92 832

（五）分配计算各种完工产品成本和在产品成本

对产品成本明细账的期初在产品成本和本月生产费用发生额进行登记。若该企业采用当月产量比例法分配完工产品和在产品之间的费用，本期A产品完工2 000件，在产品数量500件，在产品投料率100%，在产品完工率80%；本期B产品完工3 000件，在产品数量400件，在产品投料率50%，在产品完工率60%。计算本期在产品约当产量，按分配率计算产品成本。详见表3－2－11，表3－2－12。

表3－2－11　产品成本明细账（A产品）

产品名称：A产品　　2010年5月　　单位：元

日期	项目	产量,件	直接材料	燃料及动力	直接人工	制造费用	合计
5.31	月初在产品		5 600	1 000	9 600	5 800	22 000
5.31	根据分配表2		32 000				32 000
5.31	根据分配表3			7 040			7 040
5.31	根据分配表4				52 440		52 440
5.31	根据分配表7					37 128	37 128
5.31	生产费用合计		37 600	8 040	62 040	42 928	150 608
5.31	约当产量合计		2 500	2 400	2 400	2 400	
5.31	单位成本（分配率）		15.04	3.35	25.85	17.89’	62.13
5.31	完工产品成本	2 000	3 080	6 700	51 700	35 780	124 260
5.31	期末在产品		7 520	1 340	10 340	7 148”	26 348

’四舍五入，保留两位小数点；”尾差记入在产品成本。

表3－2－12　产品成本明细账（B产品）

产品名称：B产品　　2010年5月　　单位：元

日期	项目	产量,件	直接材料	燃料及动力	直接人工	制造费用	合计
5.31	月初在产品		2 500	860	6 300	4 000	13 660
5.31	根据分配表2		39 000				3 000
5.31	根据分配表3			1 2160			12 160
5.31	根据分配表4				82 080		82 080
5.31	根据分配表7					55 704	55 704
5.31	生产费用合计		41 500	13 020	88 380	59 704	202 604
5.31	约当产量合计		3 200	3 240	3 240	3 240	
5.31	单位成本（分配率）		12.97’	4.02’	27.28’	18.43’	62.7
5.31	完工产品成本	3 000	38 910	12 060	81 840	55 290	188 100
5.31	期末在产品		2 590”	960”	6 540”	4 414”	1 4504

’四舍五入，保留两位小数点；”尾差记入在产品成本。

（六）结转产成品成本

根据各产品成本明细账计算出来的本月完工产品成本进行结转。

借：库存商品——A 产品　124 260
　　库存商品——B 产品　188 100
　　贷：基本生产成——A 产品　124 260
　　　　基本生产成本——B 产品　188 100

第三节　产品成本核算的分批法及其应用

一、分批法的内涵及其适用范围

（一）分批法的内涵

分批法，是一种以产品的批别为计算对象对生产费用进行归结的产品成本计算方法。采用分批法核算成本的企业，通常不进行产品的重复生产。适用于如船舶、精密工具仪器制造业，以及服装业、印刷业以及咨询公司、建筑公司、会计师事务所等小批、单件，不要求分步计算成本的企业。

而在有些企业中进行的是单件小批量生产，若多批产品在同一个月内投产，就会使得按批别设置的产品成本明细账数量非常多，就会出现极为繁重的会计工作。此时，可以将间接费用在各批产品之间的分配，以及在完工产品和在产品之间的分配结合起来。这种改良后的分批法称为简化分批法，未改良的称为一般分批法。

（二）分批法的适用范围

1. 开发、试制新产品项目的车间

虽然很多企业在产品的生产上都是大批量的，但在其开发和试制新的产品项目时则只能进行小批量或单件生产，此时，对这些进行试制和开发的车间，需按每次试制或开发的新产品分批计算成本。

2. 产品种类需根据市场经常变动的小规模制造厂

一般而言，这类企业的规模很小，在生产过程中经常需要不断变化产品的种类和数量，不可能大批量生产，因此须按每批产品来计算成本。

3. 从事修理业务的工厂以及其他服务性企业

由于修理工厂的修理业务多种多样，各种修理业务的成本表现也不一样，因此企业须按承接的各种修理业务分别计算成本，以确定收费价格。此外，以会计师事务所为代表的服务性企业，通常需要根据服务项目确定实际成本，利用其历史成本的数据资料确定委托项目的价格。

二、分批法的基本特点

与品种法相比，分批法在成本计算对象、成本计算期和期末产品生产费用的分配有所不同。

（一）以产品的批别为成本计算对象

将所有的生产费用按产品批别归集，是分批法最基本的特点。这种方法既适用于根据客户订单进行小批单件生产的产品成本计算，也适用于生产周期长、价值大的复杂产品成本计算，如船舶。

在同一时期内，企业接到不同购货单位要求生产同一产品的几张订单，为了经济合理地组织生产，企业生产计划部门也可以将其合并为一批组织生产，计算成本。在这种情况下，企业生产计划部门应对产品进行编号并签发“生产通知单”，通知生产部门和会计部门，根据下达的“生产通知单（内部订单）”来组织生产。分批法的成本计算对象是企业生产计划部门签发下达的生产任务通知单，而不是购货单位的订单。会计部门应根据产品批号设立产品成本明细账，生产费用发生后，按产品批别进行归集和分配。需要注意的就是，因为分批法可能存在多个成本计算对象，间接计入费用多，为提高成本计算的正确性，要合理选择间接计入费用的分配标准。

（二）以各批产品的生产周期为成本计算期

分批法要求各批产品的成本应在其完工后计算，即各批产品的生产成本归集与结算，与“生产通知单”的下达和结束要协调一致。因此，各批产品按月对生产费用进行归结集和登记，在完工时对成本进行计算。

（三）生产费用在完工产品和在产品之间的分配

在单件小批生产的企业，不存在完工产品与在产品之间费用分配的问题，因为批内产品一般都能同时完工，成本计算期与产品的生产周期一致。

但在实际生产中，如果产品批量较大，客户要求分批交货，同一批产品就会出现跨月生产，陆续完工的情况，即月末一部分产品已经完工，另一部分产品还在加工中。此时，则需采用合适的方法（如约当产量法等），将生产费用在该批产品的完工产品与在产品之间分配。

如果批内产品跨月完工的数量较多，可按单位定额成本等估算月末在产品成本，以简化在产品成本的计算；再根据产品批别内归集的累计生产费用，计算本月完工产品成本。

三、一般分批法的成本核算程序

1. 按产品批别开设产品成本明细账

根据生产计划部门下达的“生产通知单”，按产品批别设置成本明细账。在明细账页上既要注明产品批号，也要注明产品名称，按成本项目设置专栏。根据上月末尚未生产完工的各批在产品明细账上所登记的生产费用，确定本月生产成本明细账的月初在产品成本。

2. 归集、分配各种要素费用

根据相关资料按月编制各种费用分配表，并据以登记相关成本、费用明细账。对于各批次的直接费用，直接计入该批产品成本明细账对应的成本项目中。

一般分批法在分配间接费用（如制造费用）时，相对简化分批法有比较显著的特点，不论各批次产品是否完工，都需要将其在月末按当月分配率分配给各批次，以及各批次内的完工产品和在产品。这种分配方法称为“当月分配法”，即实际分配率法。

3. 结转产品成本

当某批产品完工后，一般应由车间填写完工通知单，会计部门收到完工通知单后，计算当月完工产品成本和月末在产品成本。在某批产品没有完工之前，该批生产成本明细账中所归集的累计生产费用就是批内在产品成本，如果该批产品完工，则该批次生产成本明细账中的累计生产费用就是批内完工产品总成本。

分批法的成本计算程序如图 3 – 3 – 1 所示。

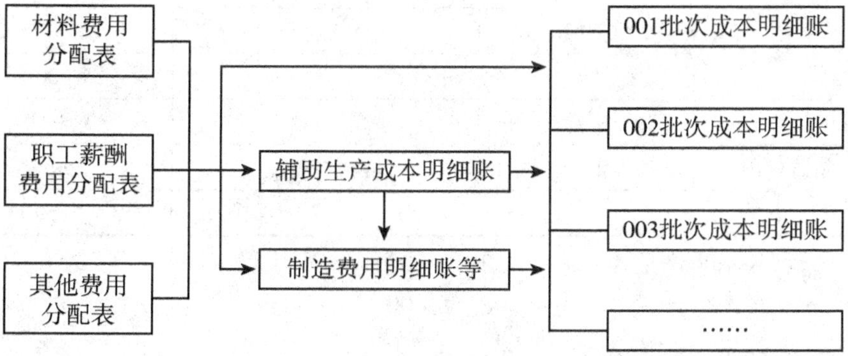

图 3 – 3 – 1

四、一般分批法应用举例

某企业设有一个机修辅助生产和一个基本生产车间，根据购买单位订单小批生产 A、B 两种产品，对产品成本计算采用分批法。辅助生产车间的制造费用不通过“制造费用”科目核算。

2010 年 5 月产品生产批次情况如下。

3 010 批次 A 产品：3 月份投产 1 台，本月完工。

4 008 批次 B 产品：4 月份投产 5 台，本月全部完工。

5 001 批次 A 产品：5 月份投产 1 台，本月未完工。

5 002 批次 B 产品：5 月份投产 10 台，本月完工 2 台，在产品投料率、完工率均为 50%。

（一）开设产品成本明细账

该企业采用一般分批法计算产品成本，根据产品批别开设产品成本明细账。即开设明细账“基本生产成本——3 010”“基本生产成本——4 008”“基本生产成本——5 001”和“基本生产成本——5 002”。

（二）归集、分配各种要素费用

（1）编制材料费用分配表，详见表 3－3－1。

表 3－3－1　材料费用分配表（分配表 1）

2010 年 5 月　　　　　　　　　　　　　　　　　　　　单位：元

应借科目			金额
总账科目	明细科目	成本项目或费用项目	
基本生产成本	3 010A 产品	直接材料	2 000
	4 008B 产品	直接材料	8 000
	5 001A 产品	直接材料	5 000
	5 002B 产品	直接材料	12 000
	小计		27 000
辅助生产成本	机修	直接材料	2 000
制造费用	基本生产车间	机物料消耗	150
合计			29 150

借：基本生产成本——3 010　2 000
　　基本生产成本——4 008　8 000
　　基本生产成务——5 001　5 000
　　基本生产成本——5 002　12 000

辅助生产成本——机修车间　2 000

制造费用——基本生产车间　150

贷：原材料　29 150

（2）编制职工薪酬分配表，详见表 3－3－2。

表 3－3－2　职工薪酬费用分配表（分配表 2）

2010 年 5 月　　单位：元

应借科目		应付职工薪酬——工资	应付职工薪酬——职工福利	合计
基本生产成本	3 010A 产品	2 500	750	3 250
	4 008B 产品	20 000	6 000	26 000
	5 001A 产品	7500	2 250	9 750
	5 002B 产品	30 000	9 000	39 000
	小计	60 000	18 000	78 000
辅助生产成本	机修	8 000	2 400	10 400
制造费用	基本生产车间	5 000	1 500	6 500
管理费用		20 000	6 000	26 000
销售费用		20 000	6 000	26 000
合计		113 000	33 900	146 900

借：基本生产成本——3 010　3 250

基本生产成本——4 008　26 000

基本生产成本——5 001　9 750

基本生产成本——5 002　39 000

辅助生产成本——机修车间　10 400

制造费用——基本生产车间　6 500

管理费用　26 000

销售费用　26 000

贷：应付职工薪酬　146 900

（3）编制折旧费用分配表，详见表 3－3－3。

表 3－3－3　固定资产折旧费用分配表（分配表 3）

2010 年 5 月　　单位：元

部　门	机修车间	基本生产车间	管理部门	销售部门	合　计
折旧费用	2 500	36 500	1 000	800	40 800

借：制造费用——基本生产车间　36500
　　辅助生产成本——机修车间　2 500
　　管理费用　1 000
　　销售费用　800
　　贷：累计折旧　40 800

（4）编制各项货币支出（假定全部用银行存款支付）汇总表，详见表3-3-4。

表3-3-4　银行存款付款凭证汇总表（分配表4）

2010年5月　　单位：元

应借科目			金额
一级科目	明细科目	成本或费用项目	
辅助生产成本	机修车间	办公费	1 700
		水、电费	2 400
		其他	1 000
		小计	5 100
制造费用	基本生产车间	办公费	3 500
		水电费	6 200
		其他	1 300
		小计	11 000
管理费用		办公费	6 000
		其他	3 000
		小计	9 000
销售费用		办公费	3 000
		其他	2 000
		小计	5 000
合计			30 100

借：辅助生产成本——机修车间　5 100
　　制造费用——基本生产车间　11 000
　　管理费用　9 000
　　销售费用　5 000
　　贷：银行存款　30 100

（三）归集、分配辅助生产费用

（1）根据上述各表，登记辅助生产成本明细账，详见表3－3－5。

表3－3－5　辅助生产成本明细账

车间名称：机修车间　　　　2010年5月　　　　单位：元

日期	摘要	直接材料	职工薪酬	折旧费	办公费	水电费	其他	合计	转出	余额
5.31	根据分配表1	2 000						2 000		
5.31	根据分配表2		10 400					10 400		
5.31	根据分配表3			2 500				2 500		
5.31	根据分配表4				1 700	2 400	1 000	5 100		
5.31	待分配费用小计	2 000	10 400	2 500	L 700	2 400	1 000	20 000		
5.31	根据分配表5								20 000	
5.31	合计	2 000	10 400	2 500	1 700	2 400	1 000	20 000	20 000	0

（2）编制辅助生产费用分配表，详见表3－3－6。

表3－3－6　辅助生产费用分配表（分配表5）

2010年5月

项目	待分配费用	劳务总量	分配率	制造	管理	销售	合计
耗用数量		320小时	62.5	264小时	32小时	24小时	320小时
分配金额	20 000元			16 500元	2 000元	1 500元	20 000元

借：制造费用——基本生产车间　16 500

　　管理费用　2 000

　　销售费用　1 500

贷：辅助生产成本——机修车间　20 000

（四）分配基本车间制造费用

（1）根据上述各表，登记基本生产车间制造费用明细账，详见表3－3－7。

表 3-3-7 基本生产成本制造费用明细账

车间名称：基本生产车间　　2010 年 5 月　　单位：元

日期	摘要	机物料消耗	职工薪酬	折旧费	修理费	水电费	办公费	其他	合计	转出	余额
5.31	据分配表 1	150							150		
5.31	据分配表 2		6 500						6 500		
5.31	据分配表 3			36 500					36 500		
5.31	据分配表 4					6 200	3 500	1300	11 000		
5.31	据分配表 5				16 500				16 500		
5.31	据分配表 6									70 650	
5.31	合计	150	6 500	36 500	16 500	6 200	3 500	1 300	70 650	70 650	0

（2）编制制造费用分配表，详见表 3-3-8。

表 3-3-8 基本生产车间制造费用分配表（分配表 6）

2010 年 5 月

应借科目		生产工时/小时	待分配费用/元	分配率	分配金额/元
总账科目	明细科目				
基本生产成本	3 010A 产品	100	70 650	39.25	3 925
	4 008B 产品	600			23 550
	5 001A 产品	300			11 775
	5 002B 产品	800			31 400
合计		1 800			7 0650

借：基本生产成本——3 010　3925

　　基本生产成拉——008　23 550

　　基本生产成本——5 001　11 775

　　基本生产成本——5 002　31 400

贷：制造费用——基本生产车间　70 650

（五）分配计算各种完工产品成本和在产品成本

登记产品成本明细账的期初在产品成本和本月生产费用发生额。详见表3－3－9～表3－3－12。

表3－3－9 产品成本明细账（3010）

产品名称：A产品　　批量：1台　　完工：1台　　2010年5月　　单位：元

日期	项目	直接材料	直接人工	制造费用	合计
5.31	月初在产品	7 000	16 250	20 075	43 325
5.31	根据分配表1	2 000			2 000
5.31	根据分配表2		3 250		3 250
5.31	根据分配表6			3 925	3 925
5.31	生产费用合计	9 000	19 500	24 000	52 500
5.31	完工产品成本	9 000	19 500	24 000	52 500
5.31	完工产品单位成本	9 000	19 500	24 000	52 500

表3－3－10 产品成本明细账（4008）

产品名称：B产品　　批量：5台　　完工：5台　　2010年5月　　单位：元

日期	项目	直接材料	直接人工	制造费用	合计
5.1	月初在产品	2 000	6 500	15 450	23 950
5.31	根据分配表1	8 000			8 000
5.31	根据分配表2		26 000		26 000
5.31	根据分配表6			23 550	23 550
5.31	生产费用合计	10 000	32 500	39 000	81 500
5.31	完工产品成本	10 000	32 500	39 000	81 500
5.31	完工产品单位成本	2 000	6 500	7 800	16 300

表3－3－11 产品成本明细账（5001）

产品名称：A产品　　批量：1台　　完工：0台　　2010年5月　　单位：元

日期	项目	直接材料	直接人工	制造费用	合计
5.31	根据分配表1	5 000			5 000
5.31	根据分配表2		9 750		9 750
5.31	根据分配表6			11 775	11 775
5.31	生产费用合计	5 000	9 750	11 775	26 525

表3-3-12 产品成本明细账（5002）

产品名称：B产品　　批量：10台　　完工：2台　　2010年5月　　单位：元

日期	项目	直接材料	直接人工	制造费用	合计
5.31	根据分配表1	12 000			12 000
5.31	根据分配表2		39 000		39 000
5.31	根据分配表6			31 400	31 400
5.31	生产费用合计	12 000	39 000	31 400	82 400
5.31	约当产量合计	6	6	6	
5.31	单位成本（分配率）	2 000	6 500	5 233.33'	13 733.33
5.31	完工产品成本	4 000	13 000	10 466.66	27 466.66
5.31	期末在产品成本	8 000	26 000	20 933.34"	54 933.34

'四舍五入，保留两位小数点；"尾差记入期末在产品。

（六）结转产成品成本

根据各产品成本明细账计算出来的本月完工产品成本进行结转。

借：库存商品——A产品（3 010）　52 500

　　库存商品——B产品（4 008）　81 500

　　库存商品——B产品（5 002）　27 466.66

　　贷：基本生产成本——3 010　52 500

　　　　基本生产成本——4 008　81 500

　　　　基本生产成本——5 002　27 466.66

在实际使用一般分批法对产品成本进行计算时，财会部门的成本核算工作需要与生产计划部门以及车间的工作相联系。产品投产时，财会部门根据生产通知单为每批产品开设产品成本明细账。生产过程中，分批法下要求有关的原始凭证上都应填明生产通知单号，以便将各批产品的直接费用计入各产品成本明细账。当某批产品完工、检验合格后，由车间填写完工通知单，一份送达财会部门，财会部门收到车间送来的完工通知单，即可进行成本计算。

五、简化分批法

上例是经企业每月的生产费用在当月末全部分配计入各批产品成本，即各批完工和未完工产品都分摊了当月的间接计入费用，当然这适用于产品批次不多的情况。但是，实际中企业每月投产的产品批次较多，未完工产品的批次也较多，在月末仍要计算分配间接计入费用，并计入各批产品成本则会使核算工作极其繁重。在这种情况下，可以简化间接计入费用，在产品完工时才分配间接计入费用，不单独计算各批在产品成本。

（一）简化分批法的内容

简化分批法，指只对当月有完工产品的批别按累计分配率进行分配，将未完工批别的间接费用保留在账簿中不进行分配。为便于间接费用的累计分配，需要设立相应的账簿累积相关费用，并在各批产品成本明细账中按月登记间接费用分配标准（如工时）。月末，当某批别产品有产品完工时，计算各月的间接费用累计分配率，按该批别产品累计分配标准计算结转其应负担的间接费用。

（二）简化分批法的优缺点及应用条件

对简化分批法的使用使得其间接费用在各批次间的分配，以及在批内完工产品与月末在产品之间的分配，到产品完工时合并一次完成。它简化了生产费用的分配和产品成本明细账的登记。

但是由于在简化分批法下，间接费用是按照完工月份的累计分配率一次分配计入完工产品的，当各月间接计入费用水平相差较多时，就会影响各月产品成本计算的准确性。同时，由于各批未完工产品成本明细账只登记直接计入费用和生产工时，因而不能完整地反映各批产品的月末在产品成本。这是因为如果各月间接计入费用水平相差较多，就会导致实际分配率与累计间接计入费用分配率差距过大，从而使二者计算出的完工产品成本差异显著。

因此，如果在月末未完工产品的批数不多时采用简化分批法，不仅不能达到简化成本计算的目的，还会影响各批产品成本计算的正确性。所以，要使简化分批法扬长避短，既简化成本核算又能保持产品成本计算的相对正确，采用该方法时应注意满足以下两个条件：①各月投产批数繁多，月末未完工产品的批数较多；②产品生产周期较长，各月份间接费用波动不大。

（三）简化分批法的成本核算程序

简化分批法的成本核算程序如图 3－3－2 所示，具体按以下程序进行。

（1）设置基本生产成本二级明细账和三级明细账。单独设置基本生产成本二级细账，按照成本项目和生产工时分别开设专栏，用于按月登记其所属全部批次产品汇总的直接费用、间接费用以及生产工时；根据产品批别设置产品成本明细账（三级明细账），明细账中设置成本项目和生产工时专栏。

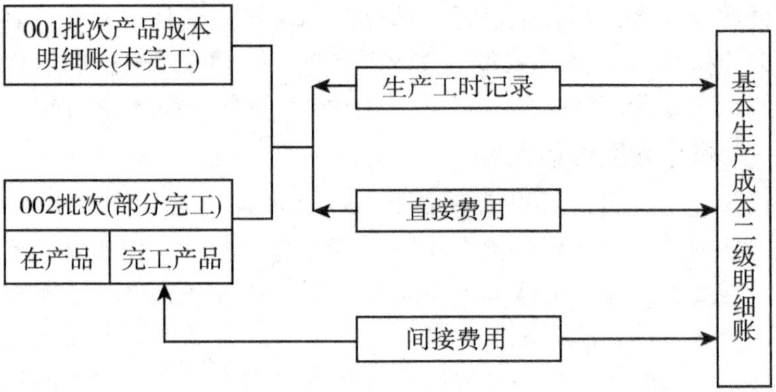

图3－3－2

（2）月编制各种要素费用分配表，在基本生产明细账和产品成本明细账中登记生产费用，以及耗用的生产工时。对于为生产某批次产品所发生的直接费用，可以根据原始凭证和费用分配表，直接计入该批产品成本明细账和基本生产成本二级明细账中；对于间接费用，按月登记基本生产成本二级明细账即可，不登记在产品成本明细账中。

（3）月末，计算累计分配率，分配间接费用给完工产品。如果某月有完工产品，则根据基本生产成本二级明细账中所登记的间接费用累计额和生产工时累计额，计算间接费用的累计分配率，并据以确定某批完工产品应承担的累计间接费用，平行登记在完工批次的产品生产成本明细账和基本生产成本二级明细账，计算该批完工产品的总成本。

（4）月末，结转完工批次产品成本后，基本生产成本二级明细账中的余额，就是所有批次的月末在产品总成本；而各批次产品的生产成本明细账中，则只登记了未完工产品的直接计入费用和生产工时，并不登记间接计入费用。

六、简化分批法应用举例

荣华工厂属于小批生产，具体生产情况如表3－3－13所示，产品批数较多，月末未完工产品较多，采用简化分批法进行成本核算，分别开设基本生产成本二级明细账（见表3－3－14）和各批产品成本明细账（见表3－3－15～表3－3－18）。月末，本月发生生产费用已归集在各明细账中。假设本案例各批产品的成本项目中，直接材料为直接计入费用成本项目；直接人工费用与制造费用为间接计人费用成本项目，二者采用累计分配率法确定本月已完工产品应承担的间接计入费用。

表 3-3-13　产品生产及工时耗用情况

2013 年 6 月

产品批次	产品品种	数量/台	完工情况	定额工时耗用量/小时				在产品投料程度
				4 月	5 月	6 月	小计	
105	甲	1	完工	2 000	500	500	3 000	
201	乙	6	完工 4 台		1 800	1 250	3 050	
			未完工 2 台		700	250	950	50%
303	丙	10	未完工		1 000	1 250	2 250	
106	甲	3	未完工			750	750	
合计				2 000	4 000	4 000	10 000	

注：耗用工时按定额工时计算。

表 3-3-14　基本生产成本二级明细账

2013 年 6 月　　单位：元

月	日	摘要	直接材料	生产工时	直接人工	制造费用	合计
6	30	本月累计生产费用及工时	4 170 000	10 000	120 000	290 000	4 580 000
	30	间接费用累计分配率			12	29	
	30	本月结转完工产品成本	2 892 000	6 050	72 600	75 450	2 788 050
	30	月末在产品成本	1 278 000	3 950	47 400	114 550	1 791 950

表 3-3-15　产品成本明细账（甲产品 105 批次）

产品批号：105　　购货单位：××公司　　投产日期：4 月 2 日

产品名称：甲产品　　批量：1 件　　完工日期：6 月 20 日　　单位：元

月	日	摘要	直接材料	生产工时	直接人工	制造费用	合计
6	30	本月累计生产费用及工时	340 000	3 000			340 000
	30	累计工时及间接费用分配率		3 000	12	29	
	30	本月完工产品的间接费用			36 000	87 000	
	30	结转完工产品成本（1 台）	340 000	3 000	36 000	87 000	463 000
	30	完工产品单位成本	340 000	3 000	36 000	87 000	463 000

表 3－3－16　产品成本明细账（乙产品 201 批次）

产品批号：201　　购货单位：××公司　　投产日期：5 月 7 日

产品名称：乙产品　　批量：6 件　　完工日期：6 月 29 日　　单位：元

月	日	摘要	直接材料	生产工时	直接人工	制造费用	合计
6	30	本月累计生产费用及工时	3 190 000	4 000			3 190.000
	30	累计工时及费用分配率		4 000	12	29	
	30	本月完工产品的间接费用		3 050	36 600	88 450	2 677 050
	30	结转完工产品总成本（4 台）	2 552 000	3 050	36 600	88 450	26 770 501
	30	完工产品单位成本	638 000	762.5	9 150	22 112.5	669 262.5
6	30	月末在产品成本	638 000	950			

表 3－3－17　产品成本明细账（丙产品 303 批次）

产品批号：303　　购货单位：××公司　　投产日期：5 月 2 日

产品名称：丙产品　　批量：10 件　　完工日期：　　单位：元

月	日	摘要	直接材料	生产工时	直接人工	制造费用	合计
6	30	本月生产费用累计	185 000	2 250			
6	30	月末在产品成本	185 000	2 250			

表 3－3－18　产品成本明细账（甲产品 106 批次）

产品批号：106　　购货单位：××公司　　投产日期：6 月 2 日

产品名称：丙产品　　批量：3 件　　完工日期：　　单位：元

月	日	摘要	直接材料	生产工时	直接人工	制造费用	合计
6	30	本月生产费用合计	455 000	750			
6	30	月末在产品成本	455 000	750			

（1）基本生产成本二级明细账。表 3－3－14 中，累计直接人工费用分配率＝120 000÷10 000＝12（元/小时）；累计制造费用分配率＝290 000÷10 000＝29（元/小时）。

“本月结转完工产品成本”行中的“直接材料”“生产工时”“直接人工”和“制造费用”，根据已完工的 105 批次和部分完工的 201 批次产品成本明细账中结转完工产品成本数字相加填列；“月末在产品成本”行可根据“本月结转完工产品成本”行数据倒推求得。

（2）甲产品105批次产品成本明细账。表3－3－15中，间接费用分配率根据基本生产成本二级明细账填列，完工产品应承担的间接费用计算过程为：

完工产品的直接人工＝12×3 000＝36 000（元）

完工产品的制造费用＝29×3 000＝87 000（元）

（3）乙产品201批次产品成本明细账。表3－3－16中，直接材料费用按约当产量法分配，间接费用分配率根据基本生产成本二级明细账填列。4台完工产品应承担的成本计算过程如下：

直接材料分配率＝3 190 000÷（4＋2×50%）

完工产品的直接材料＝638 000×4＝2 552 000（元）

完工产品的直接人工＝12×3 050＝36 600（元）

完工产品的制造费用＝29×3 050＝88 450（元）

各批次产品成本明细账中，对于有完工产品的月份，除登记直接材料费用和生产工时之外，还应根据二级账登记各项间接计入费用的累计分配率，确定完工产品应承担的部分，如表3－3－15和表3－3－16所示。在没有完工产品的月份只登记直接材料费用和生产工时，间接计入费用仍保留在生产成本二级账中，如表3－3－17和表3－3－18所示。

各批产品生产成本明细账登记完毕后，其中完工产品的直接材料费用和生产工时应分别汇总记人基本生产成本二级账，并据以计算各批完工产品的总成本和月末在产品的总成本，见表3－3－14。计算过程如下：

完工产品的直接材料总成本＝340 000＋2 552 000＝2 892 000（元）

月末在产品的直接材料总成本＝4 170 000－2 892 000＝1 278 000（元）

完工产品的直接人工总成本＝36 000＋36 600＝72 600（元）

月末在产品的直接人工总成本＝120 000－72 600＝47 400（元）

完工产品的制造费用总成本＝87 000＋88 450＝175 450（元）

月末在产品的制造费用总成本＝290 000－175 450＝114 550（元）

第四节 产品成本核算的分步法及其应用

一、分步法的概念、适用范围及分类

分步法主要适用于大量大批多步骤、管理上要求分步骤计算产品成本的企业，是以产品的生产步骤为成本计算对象归集生产费用，计算产

品成本的一种方法。在分步法下，从原材料的投入到产品的制造完成，除最后一个步骤外，其他各个步骤所生产完成的都是各种半成品。如纺织厂分为纺纱、织布等生产步骤，各步骤的产品分别为棉纱和棉布。这些已经生产完工的半成品，既可以留用下一步的加工或装配也可以对外销售。

分步法对生产费用的归集是按生产步骤进行的，后面生产步骤有时要消耗上一步骤的完工半成品，因此需要将各步骤归集的生产费用采用一定的方法结转，并汇总计算最终产成品成本。如果企业不需要成本核算提供各生产步骤的半成品成本资料，各步骤间成本的结转则应采用平行结转分步法，该方法可以简化成本核算工作。

逐步结转分步法又可分为综合结转法和分项结转法。

二、逐步结转分步法

（一）逐步结转分步法的计算程序

1. 设立产品明细账

按照产品的生产步骤和产品品种设立产品成本明细账。

2. 归集各生产步骤生产费用

如前面有关章节所述，直接费用记入“基本生产成本”明细账的借方；间接费用（制造费用）先进行归集，然后再采用一定的分配方法记入“基本生产成本”明细账的借方。月末归集的生产费用合计数，要采用适当的分配方法在完工半成品（最后一个步骤为产成品）和月末在产品之间进行分配，最终计算出完工的半成品（最后一个步骤为产成品）的总成本和单位成本。

3. 成本转移

在逐步结转分步法下，各步骤完工转出的半成品成本，应该从各步骤的产品成本明细账中转出：下一步骤领用的半成品的成本，构成了下一步骤的一项费用，称为半成品费用，应该记入下一步骤的产品成本明细账当中。如果半成品完工后，不直接为下一步骤领用，而要通过半成品库收发，如图 3 - 4 - 1 所示。

4. 生产费用归集

月末，各生产步骤的产品成本明细账中归集的各项生产费用（包括所耗上一步骤半成品的费用）要在完工的半成品（最后一个步骤为产成品）与本步骤月末在产品之间进行分配，以便计算出完工半成品（最后一个步骤为产成品）的总成本和单位成本。

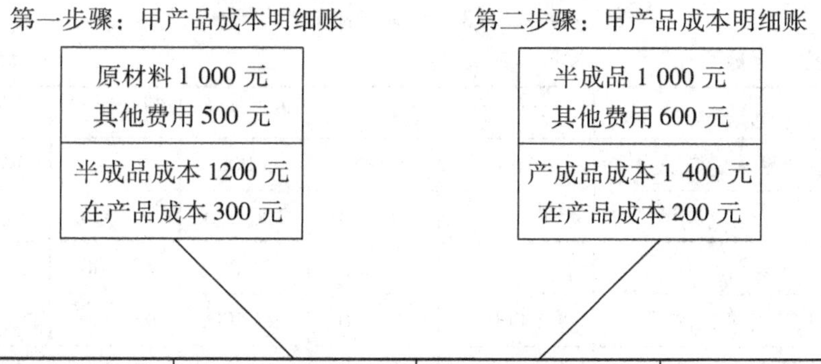

日期	月初余额	本月收入	本月发出
3 月	—	1 200	1 000
4 月	200	—	—

图 3－4－1

逐步结转分步法又可以分为分项结转分步法和综合结转分步法。

（二）分项结转分步法

分项结转分步法是按照成本项目分项，将各步骤所耗用的上一步骤半成品成本转入下一步骤产品成本明细账的各个成本项目当中。

分项结转，常按照半成品的实际成本结转。

分项结转分步法的计算程序举例。

某企业由第一和第二车间分两个步骤生产 A 产品。第一车间生产半成品甲，交半成品库验收入库，第二车间按所需数量从半成品库领用，所耗半成品费用按全月一次加权平均法计算单位成本，两个车间的完工产品与月末在产品之间的费用分配采用在产品按定额成本计价法。第一、第二车间产量记录及在产品定额资料见表 3－4－1，该企业小时工资率为 25 元/小时，小时制造费用率为 20 元/小时。

表 3－4－1　产量记录及在产品定额资料

项目	月初在产品/件	本月投产/件	本月完工/件	期末在产品/件	在产品材料费用定额，元/件	在产品生产工时定额小时/件
第一车间	100	1 050	1 000	150	50	2
第二车间	200	900	950	150	50	7

根据上表相关资料登记第一步骤产品成本明细账，如表 3－4－2 所示。

表3－4－2　第一步骤产品成本明细账

产品名称：半成品甲　　　　单位：元

摘要	产量，件	直接材料	直接人工	制造费用	合计
期初在产品（定额成本）	100	5 000	5 000	4 000	14 000
本月发生费用		55 000	100 000	88 000	243 000
合计		60 000	105 000	92 000	257 000
完工转出半成品甲	1 000	52 500	97 500	86 000	23 6000
月末在产品（定额成本）	1.50	7 500	7 500	6 000	21 000

第一步骤产品成本明细账计算如下：

月末在产品直接材料费用＝150×50＝7 500（元）

月末在产品直接人工费用＝150×2×25＝7 500（元）

月末在产品制造费用＝150×2×20＝6 000（元）

完工半成品直接材料费用＝60 000－7 500＝52 500（元）

完工半成品直接人工费用＝105 000－7 500＝97 500（元）

完工半成品制造费用＝92 000－6 000＝86 000（元）

根据第一车间的半成品交库单所列交库数量和第一步骤产品成本明细账中完工转出的半成品成本编制会计分录。

借：自制半成品——甲　236 000

　　贷：基本生产成本——第一车间——直接材料　52 500

　　　　　　　　　　　　　　　——直接人工　97 500

　　　　　　　　　　　　　　　——制造费用　86 000

根据相关资料登记自制半成品明细账，详见表3－4－3。

表3－4－3　自制半成品明细账

产品名称：半成品甲　　　　单位：元

月份	摘要	数量，件	实际成本			
			直接材料	直接人工	制造费用	合计
本月	月初余额	200	7 500	10 500	16 000	34 000
本月	本月增加	1 000	52 500	97 500	86 000	236 000
本月	合计	1 200	60 000	108 000	102 000	270 000
本月	单位成本		50	90	85	225
本月	本月减少	900	45 000	81 000	76 500	202 500
下月	月初余额	300	15 000	27 000	25 500	67 500

表 3 - 4 - 3 中，自制半成品明细账内半成品甲单位成本的各成本项目都按全月一次加权平均法计算。

直接材料单位成本 =（7 500 + 52 500）÷（200 + 1 000）= 50（元/件）

直接人工单位成本 =（10 500 + 97 500）÷（200 + 1 000）= 90（元/件）

制造费用单位成本 =（16 000 + 86 000）÷（200 + 1 000）= 85（元/件）

本月减少直接材料 = 900 × 50 = 45 000（元）

本月减少直接人工 = 900 × 90 = 81 000（元）

本月减少制造费用 = 900 × 85 = 76 500（元）

下月期初余额直接材料 =（1 200 - 900）× 50 = 15 000（元）

下月期初余额直接人工 =（1 200 - 900）× 90 = 27 000（元）

下月期初余额制造费用 =（1 200 - 900）× 85 = 25 500（元）

根据第二车间半成品领料单编制会计分录。

借：基本生产成本——第二车间——直接材料　45 000

　　　　　　　　　　　——直接人工　81 000

　　　　　　　　　　　——制造费用　76 500

　　贷：自制半成品——甲　202 500

根据各种相关资料登记第二步骤产品成本明细账，详见表 3 - 4 - 4。

表 3 - 4 - 4　第二步骤产品成本明细账

产品名称：A 产品　　　　　　　　　　　　　　　　　　　　单位：元

项目	产量，件	直接材料	直接人工	制造费用	合计
月初在产品（定额成本）	200	10 000	35 000	28 000	73 000
本月耗用半成品费用		45 000	81 000	76 500	202 500
本月发生费用			81 250	49 500	130 750
生产费用合计		55 000	197 250	154 000	406 250
完工产成品转出	950	47 500	171 000	133 000	351 500
产成品单位成本		50	180	140	370
期末在产品（定额成本）	150	7 500	26 250	21 000	54 750

第二步骤产品成本明细账计算如下：

月末在产品直接材料费用 = 150 × 50 = 7 500（元）

月末在产品直接人工费用 = 150 × 7 × 25 = 26 250（元）

月末在产品制造费用 = 150 ~ 7 ~ 20 = 21 000（元）

完工产成品直接材料费用 = 55 000 - 7 500 = 47 500（元）

完工产成品直接人工费用 = 197 250 - 26 250 = 171 000（元）

完工产成品制造费用 = 154 000 - 21 000 = 133 000（元）

根据第二车间的产成品交库单所列产成品数量和上述明细账中完工转出产成品成本编制会计分录。

借：库存商品——A　351 500

　　贷：基本生产成本——第二车间　351 500

（三）综合结转分步法

综合结转分步法，是指按照综合成本（合计数）将各生产步骤所耗用的上一步骤半成品费用（包括直接材料费用、直接人工费用和制造费用）计入本步骤产品成本明细账中的“直接材料”或专设的“半成品”项目中。

1. 按半成品的实际成本综合结转

采用按实际成本结转半成品，半成品的收、发、结存一律按实际成本计价，其核算类似于原材料按实际成本计价的核算。如下例所示。

假设某企业生产甲产品分两个步骤分别由两个车间进行：第一车间生产半成品，交半成品库验收；第二车间按所需数量从半成品库领用，所耗半成品费用按全月一次加权平均单位成本计算。两个车间的月末在产品均按定额成本计价。其成本计算程序如下：

第一，登记第一车间甲产品成本明细账，见表 3 - 4 - 5。

表 3 - 4 - 5　产品成本明细账

第一车间　　　　甲半成品　　　　单位：元

摘要	产量(件)	原材料	工资及福利费	制造费用	成本合计
月初在产品成本(定额成本)		6 000	2 500	12 500	21 000
本月费用		8 050	3 800	17 650	29 500
合计		14 050	6 300	30 150	50 500
完工半成品成本	500	10 050	5 300	25 150	40 500
月末在产品成本(定额成本)		4 000	1 000	5 000	10 000

编制如下会计分录：

借：自制半成品——甲半成品　40 500

　　贷：基本生产成本——第一车间　40 500

第二，登记自制半成品明细账，见表 3 - 4 - 6。

表3-4-6　自制半成品明细账

甲半成　　　　200×年4月　　　　单位：元

月份	月初余额		本月增加		合计			本月减少	
	数量/件	实际成本	数量/件	实际成本	数量（件）	实际成本	单位成本（元/件）	数量/件	实际成本
3	100	8 700	500	40 500	600	49 200	82	540	44 280
4	60	4 920							

加权平均单位成本：（8 700+40 500）÷（100+500）=82（元/件）

根据第二车间半成品领用单，编制如下会计分录：

借：基本生产成本——第二车间　44 280

　　贷：自制半成品——甲半成品　44 280

第三，根据各种资料登记第二车间的产品成本明细账，见表3-4-7。

表3-4-7　产品成本明细账

200×年4月第二车间　　　　甲产成品　　　　单位：元

摘要	产量/件	半成品	工资及福利费	制造费用	成本合计
月初在产品成本（定额成本）		20 800	4 875	14 625	40 300
本月费用		44 280	13 000	39 260	96 540
合计		65 080	17 875	53 885	136 840
完工产成品成本	280	45 880	12 640	38 180	96 700
产成品单位成本		163.86	45.14	136.36	345.36
月末在产品成本（定额成本）		19 200	5 235	15 705	40 140

根据第二车间的产成品入库单所列产成品入库数量和第二车间产品成本明细账中完工转出的产成品成本编制如下会计分录：

借：库存商品——甲产品　96 700

　　贷：基本生产成本——第二车间　96 700

2. 按半成品的计划成本综合结转

采用这种结转方法，计划成本与实际成本差异率的计算，所耗半成品成本差异的调整、结转是通过自制半成品明细账核算的，如下例所示。

此例沿用上例资料，采用按半成品的计划成本进行综合结转时，计算成本见表3-4-8，产品成本明细账见表3-4-9。

表 3-4-8　自制半成品明细账

200×年 4 月　　　　计划单位成本：80 元/件甲半成品　　　　单位：元

月份			3 月
月初余额	数量（件）	(1)	100
	计划成本	(2)	8 000
	实际成本	(3)	8 700
本期增加	数量（件）	(4)	500
	计划成本	(5)	40 000
	实际成本	(6)	40 500
累计	数量（件）	(7)=(1)+(4)	600
	计划成本	(8)=(2)+(5)	48 000
	实际成本	(9)=(3)+(6)	49 200
	成本差异	(10)=(9)-(8)	1 200
	成本差异率	(11)=(10)÷(8)	2.5%
本期减少	数量（件）	(12)	540
	计划成本	(13)	43 200
	实际成本	(14)=(13)+(13)×(11)	44 280
月末余额	数量（件）		60
	计划成本		4 800
	实际成本		4 920

注：发出半成品的成本差异率=(700+500)÷(8 000+40 000)×100%=2.5%

发出半成品的成本差异=43 200×2.5%=1 080（元）

发出半成品的实际成本=43 200+1 080=44 280（元）

表 3-4-9　产品成本明细账

第二车间：甲产成品　　　　200×年 4 月　　　　单位：元

月	日	摘要	产量/件	半成品			直接人工	制造费用	成本合计
				计划成本	成本差异	实际成本			
3	1	在产品成本（定额成本）		20 800		20 800	4 875	14 625	40 300
3	31	本月费用		43 200	+1 080	44 280	13 000	39 260	96 540
3	31	累计		64 000	+1 080	65 080	17 875	53 885	136 840

续表

月	日	摘要	产量/件	半成品			直接人工	制造费用	成本合计
				计划成本	成本差异	实际成本			
3	31	完工产成品成本	280	44 800	+1 080	45 880	12 640	38 180	96 700
3	31	产成品单位成本		160	+3.86	163.86	45.14	136.36	345.36
3	31	在产品成本（定额成本）		19 200		19 200	5 235	15 705	40 140

在表3-4-9中，本月增加和本月减少的计划成本，应根据半成品交库单和领用单所列数量，按计划单位成本计价以后登记。本月增加的实际成本，应根据第一车间甲产品成本明细账中完工转出的半成品成本登记；累计的成本差异、成本差异率和本月减少的实际成本，根据账中所列算式计算登记。

在第二车间甲产品成本明细账中，如果"半成品""原材料"或"直接材料"等成本项目按调整成本差异后的实际成本登记，则其格式和金额与前列相同。

总之，综合结转半成品成本的核算，可以采用实际成本进行综合结转，也可以采用计划成本进行综合结转。但由于一般工业企业半成品的种类不多，半成品的收发也不如材料收发那么频繁，所以大多数企业均按实际成本进行综合结转半成品成本的核算。

3. 综合结转的成本还原

假设某企业生产甲产品需要经过三道工序加工而成，原材料在生产开始时一次投入。上一步骤所生产的半成品全部转入下一步骤继续加工。费用在完工产品和在产品之间的分配采用约当产量比例法。具体资料见表3-4-10和表3-4-11。

表3-4-10　产量记录

单位：件

项目	第一道工序	第二道工序	第三道工序
月初在产品			
本月投入	600	400	300
完工产品	400	300	200
在产品	200	100	100
完工率	50%	50%	50%

表 3－4－11　费用记录

单位：元

项目	第一道工序	第二道工序	第三道工序
原材料	60 000		
工资及福利费	50 000	28 000	20 000
制造费用	25 000	14 000	10 000

要求：采用综合结转分步法计算成本并编制会计分录；进行成本还原。现根据上列资料进行如下计算。

（1）计算成本。见表 3－4－12、表 3－4－13 和表 3－4－14。

表 3－4－12　产品成本计算单

第一道工序：A 半成品　　单位：元

成本项目	产量/件	原材料	工资及福费	制造费用	合计
月初在产品费用					
本月发生费用	600	60 000	50 000	25 000	135 000
合计	600	60 000	50 000	25 000	135 000
完工半成品成本	400	40 000	40 000	20 000	100 000
月末在产品成本	200	20 000	10 000	5 000	35 000
单位成本		100	100	50	250

①分配率的计算：

原材料分配率＝60 000 ÷（400＋200）＝100（元/件）

工资及福利费分配率＝50 000 ÷（400＋200×50%）＝100（元/件）

制造费用分配率＝2 500 ÷（400＋200×50%）＝50（形件）

②编制会计分录：

借：基本生产成本——一步骤　135 000

　贷：原材料　60 000

　　应付职工薪酬　50 000

　　制造费用　25 000

借：自制半成品——A 半成品　100 000

　贷：基本生产成本——一步骤　100 000

借：基本生产成本——二步骤　100 000

　贷：自制半成品——A 半成品　100 000

表 3-4-13　产品成本计算单

第二道工序：B 半成品　　　　　　　　　　　　　　　　　　　单位：元

成本项目	产量/件	原材料（半成品）	工资及福利费	制造费用	合计
月初在产品费用					
上一步骤转入费用	400	100 000			100 000
本月发生费用			28 000	14 000	42 000
合计	400	100 000	28 000	14 000	142 000
完工半成品成本	300	75 000	24 000	12 000	111 000
月末在产品成本	100	25 000	4 000	2 000	31 000
单位成本		250	80	40	370

上一步骤转入的半成品视同原材料加工，所以半成品的分配也要视同原材料进行分配。

①分配率的计算：

原材料（半成品）分配率 = 100 000 ÷（300 + 100）= 250（形件）

工资及福利费分配率 = 28 000 ÷（300 + 100 × 50%）= 80（元/件）

制造费用分配率 = 14 000 ÷（300 + 100 × 50%）= 40（形件）

②编制会计分录：

借：基本生产成本——二步骤　42 000
　贷：应付职工薪酬　28 000
　　　制造费用　14 000

借：自制半成品——B 半成品　111 000
　贷：基本生产成本——二步骤　111 000

借：基本生产成本——三步骤　111 000
　贷：自制半成品——B 半成品　111 000

表 3-4-14　产品成本计算单

第三道工序：甲产品　　　　　　　　　　　　　　　　　　　单位：元

成本项目	产量（件）	原材料（半成品）	工资及福利费	制造费用	合计
月初在产品费用					
上一步骤转入费用	300	111 000			111 000
本月发生费用			20 000	10 000	30 000
合计	300	111 000	20 000	10 000	141 000
完工产成品成本	200	74 000	16 000	8 000	98 000
月末在产品成本	100	37 000	4 000	2 000	43 000
单位成本		370	80	40	490

上一步骤转入的半成品依然视同原材料加工，所以半成品的分配依然视同原材料进行分配。

①分配率的计算：

原材料（半成品）分配率 = 111 000 ÷ (200 + 100) = 370（元/件）

工资及福利费分配率 = 20 000 ÷ (200 + 100 × 50%) = 80（元/件）

制造费用分配率 = 10 000 ÷ (200 + 100 × 50%) = 40（元/件）

②编制会计分录：

借：基本生产成本——三步骤　30 000

　贷：应付职工薪酬　20 000

　　　制造费用　10 000

借：库存商品——甲产品　98 000

　贷：基本生产成本——三步骤　98 000

（2）成本还原。

第一步，对产成品成本中的半成品成本 74 000 元进行成本还原。

还原分配率 = 74 000 ÷ 111 000 = 0. 66667

还原后得出 74 000 元半成品成本中包括：

原材料（半成品）= 75 000 × 0. 66667 = 50 000（元）

工资及福利费 = 24 000 × 0. 66667 = 16 000（元）

制造费用 = 12 000 × 0. 66667 = 8 000（元）

第二步，对还原后的半成品成本 50 000 元进行成本还原。

还原分配率 = 50 000 ÷ 100 000 = 0. 5

还原后得出 50 000 元半成品成本中包括：

原材料 = 40 000 × 0. 5 = 20 000（元）

工资及福利费 = 40 000 × 0. 5 = 20 000（元）

制造费用 = 20 000 × 0. 5 = 10 000（元）

第三步，计算还原后的产成品成本。

原材料 = 20 000（元）

工资及福利费 = 16 000 + 16 000 + 20 000 = 52 000（元）

制造费用 = 8 000 + 8 000 + 10 000 = 26 000（元）

产成品成本合计 = 20 000 + 52 000 + 26 000 = 98 000（元）

三、平行结转分步法

（一）平行结转分步法的概念

在大量大批多步骤生产类型的企业中，如果存在多种各步骤的半成品，而成本管理不要求提供各生产步骤的半成品成本资料时（如半成品不具有独立的使用价值或很少对外销售等），采用平行结转分步法计算产品成本可以简化和加速成本计算工作。

（二）平行结转分步法的计算程序

1. 设立产品成本明细账

根据产品生产步骤和产品品种设立产品成本明细账。

2. 各步生产费用归集

各步骤的直接费用（直接材料、直接人工以及其他直接费用），直接记入各步骤的产品成本明细账内。完工的半成品实物转人下一步骤继续加工时，半成品成本不往下一步骤成本计算单内结转。

3. 生产费用分配

月末，各步骤归集的生产费用合计数（不包括所消耗上一步骤的半成品费用）。

4. 平行结转汇总

其计算程序如图 3－4－1 所示。

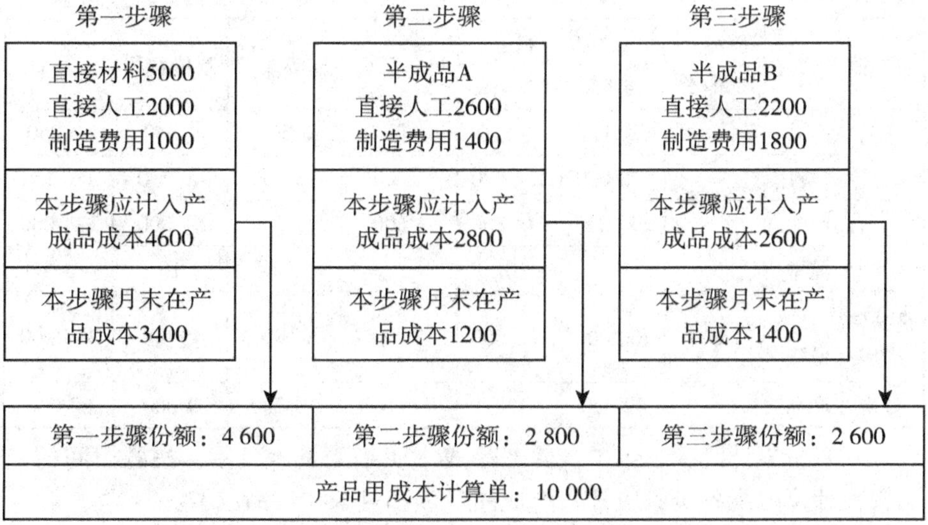

图 3－4－1

（三）平行结转分步法应用举例

某企业经过两个步骤生产 A 产品，分别在第一、第二车间进行。由于管理上不要求计算半成品成本，该企业采用平行结转分步法。2010 年 5 月，该企业相关定额资料见表 3－4－15。

表 3-4-15 A 产品定额资料

车间份额	月初在产品		本月投入		本月产成品				
	定额材料费用/元	定额工时/小时	定额材料费用/元	定额工时/小时	单件定额		产量/件	定额材料费用/元	定额工时/小时
					材料费用/元	工时/小时			
第一车间份额	20 000	300	220 000	3 300	200	3	1 000	200 000	3 000
第二车间份额		400		1 900		2	1 000		2 000
合计					200	5	1 000	200 000	5 000

由于采用平行结转分步法，第一、第二步骤产品成本明细账可以同时登记，且二者之间没有半成品的成本结转问题。根据 A 产品的定额资料、各种生产费用分配表和产成品交库单，登记第一、第二步骤产品成本明细账，详见表 3-4-16和表 3-4-17。

表 3-4-16 第一步骤产品成本明细账

车间名称：第一车间　　产品名称：A 产品　　2010 年 5 月　　单位：元

摘要	产成品产量/件	直接材料		定额工时	直接人工	制造费用	合计
		定额	实际				
月初在产品		20 000	20 800	300	6 500	4 550	31 850
本月生产费用		220 000	224 000	3 300	72 700	49 450	346 150
合计		240 000	244 800	3 600	79 200	54 000	378 000
费用分配率			102		22	15	
本步骤应计入产成品份额	1 000	200 000	204 000	3 000	66 000	45 000	315 000
月末在产品		40 000	40 800	600	13 200	9 000	63 000

月末，累计第一、第二步骤产品成本明细账发生费用，按各车间的定额资料计算分配各步骤应计入产成品份额和月末在产品成本。

第一车间应计入产品份额的计算过程如下：

直接材料分配率 =（20 800 + 224 000）÷（20 000 + 220 000）= 1.02

直接人工分配率 =（6 500 + 72 700）÷（300 + 3 300）= 22

制造费用分配率 =（4 550 + 49 450）÷（300 + 3 300）= 15

第一步骤应计入产成品的直接材料 = 1 000 × 200 × 1.02 = 204 000（元）

第一步骤应计入产成品的直接人工 =1 000 ×3 ×22 =66 000 元

第一步骤应计入产成品的制造费用 =1 000 ×3 ×15 =45 000 元

表 3 -4 -17　第二步骤产品成本明细账

车间名称：第二车间　　产品名称：A 产品　　2010 年 5 月　　单位：元

摘要	产成品产量/件	直接材料		定额工时	直接人工	制造费用	合计
		定额	实际				
月初在产品				400	8 500	6 300	14 800
本月生产费用				1 900	39 800	30 500	70 300
合计				2 300	48 300	36 800	85 100
费用分配率					21	16	
本步骤应计入产成品份额	1 000			2 000	42 000	32 000	74 000
月末在产品				300	6 300	4 800	11 100

第二车间应计入产品份额的计算过程如下：

直接人工分配率 =(8 500 +39 800) ÷(400 +1 900) =21

制造费用分配率 =(6 300 +30 500) ÷(400 +1 900) =16

第二步骤应计入产成品的直接人工 =1 000 ×2 ×21 =42 000（元）

第二步骤应计入产成品的制造费用 =1 000 ×2 ×16 =32 000（元）

根据第一、第二步骤明细账中应计入产成品成本的份额，平行结转、汇总记入 A 产品成本汇总表，详见表 3 -4 -18。

表 3 -4 -18　A 产品成本汇总表

2010 年 5 月　　单位：元

项目	产量，件	直接材料	直接人工	制造费用	合计
第一车间份额	1 000	204 000	66 000	45 000	315 000
第二车间份额	1 000		42 000	32 000	74 000
合计		204 000	108 000	77 000	389 000
单位成本		204	108	77	389

第四章　产品成本核算的辅助方法及其应用

产品成本核算的方法主要包括基本方法和辅助方法两种，本章主要从三个角度展开论述。第一，通过辅助方法与基本方法的关系引出对辅助方法的讨论；第二，分层次一一对辅助方法的内容进行分析研究；第三，本章内容还涉及成本会计发展的新领域，即作业成本法、环境成本法和质量成本法。

第一节　产品成本核算的辅助方法及其与基本方法之间的关系

一、产品成本核算的基本方法

为了适应不同类型生产特点和成本管理的要求，成本核算工作主要核算的对象有产品品种、产品批别和产品的生产步骤。针对这些核算对象，可以运用的核算方法也有三种，分别是品种法、分批法和分步法。下面我们来看看它们分别有什么特点。

（一）产品成本核算的品种法

品种法是指核算产品品种的一种成本核算方法，也可以称为简单法。品种法一般可以用于两种生产类型，其一是单步骤的大量生产，其二是与之相反的生产类型，也就是不需要分步骤核算成本的多步骤的大量、大批生产。这两种生产方式的代表产业分别有发电业和水泥厂等。

了解了品种法的内涵，我们来看看这种核算方法有什么特点。

1. 成本核算对象

当采用品种法对产品进行核算时，成本的核算对象就是产品的品种，其品种主要可以分为两种类型，即一种产品和多种产品。当产品为一种时，成本明细账的开设只针对这一种产品，而且账内可以按照成本项目设立专栏或专行。当生产的产品为多种时，产品成本明细账就需要针对不同品种进行设置。

除了成本明细账的设立，一种产品和多种产品关于生产费用的计入也是不同的。如果生产的产品只有一种，那么毫无疑问，所有的生产费用都是这一种产品产生的，那么费用就应该直接计入该产品成本明细账的相关成本项目。如果是多种产品，那么关于费用的计入也存在一个分配的问题。如果能分清哪种产品耗费了多少费用，直接按数计入即可；如果分不清，只能通过一定的分配方法来对所发生的费用进行分配，然后分别记入各产品成本明细账的有关成本项目。

2. 成本核算期

成本核算期也是从单步骤生产企业和多步骤生产企业两个角度来讲。在单步骤生产企业中，由于批次多、单批次量大，成本核算只能定期在每个月月末进行。对于多步骤生产企业来说，利用成本核算法进行成本的核算也只能定期于每个月的月末进行。

3. 费用在完工产品与在产品之间的分配

单步骤生产企业的生产特点决定了它在月末核算成本时一般不存在或很少存在尚未完工的在产品，这样的情况下，它们可以不算在核算在产品之内。因此，产品成本明细账中所记载的生产费用就是该产品的总成本，用它除以产品产量，得到的数值就是该产品的平均单位成本。除此之外，还有另外一种情况，就是有些生产大量、大批产品的多步骤生产企业，在管理上也不要求按照生产步骤核算成本，它们往往在月末会有很多未完成的在产品。这时总成本，也就是产品成本明细表中所归集的生产费用所对应的就不仅仅是一种产品了，这时需要选择适当的分配方法在这些在产品之间进行分配，这样才能将已经完工和未完工的产品的成本分别核算出来。

（二）产品成本核算的分批法

分批法是一种将产品的批别作为核算对象的产品成本核算方法。这种核算方法也适用于两种情况：第一种，单步骤生产，需要满足单件或者小批量；第二种，多步骤生产，条件是管理上不要求分步骤核算。

分批法与其他成本核算方法相比具有明显的特殊性，接下来我们还是从成本核算对象、成本核算期和费用分配三个方面来论述其特点。

1. 成本核算对象

分批法的成本核算对象应是产品的批别。在分批法下，成本的核算对象是购买者事先向企业所发出的产品订单中约定的产品，或者是企业根据产品的市场需求状况、生产管理的客观需要以及产品生产的特点所事先规定的产品批别。

在单件小批生产或按产品订单组织生产的企业中，一般由生产管理部门根据事先所确定的产品批别或客户的产品订单，开设产品生产号令或下达生产通知单。生产车间要根据产品生产号令或生产通知单组织生产，仓库则要根据产品生产号令或生产通知单整理、准备材料，而会计部门的职责便是根据产品生产号令或生产通知单设立生产成本明细账，这样做的目的是可以分别核算各个批别的产品成本。这是一般情况，如果一张订单中的产品规模大，构造复杂，价值高、生产周期长，这时生产部门则可以分别不同种类的产品或按照生产进度或部件分别开设产品生产号令或下达生产通知单。

上面我们论述了订单中出现一种或几种不同类型产品的处理情况，下面我们来看看如果好几份订单中所订购的都是同一种类的产品又该怎样处理呢？在这种情况下，企业为了经济合理地组织生产，可以合并开设产品生产号令或下达生产通知单。在通知单内，需要明确标出产品批号或产品生产号令，也就是对生产任务所做的编号，这些编号是会计部门设立成本明细账的参考标准。

综上所述，我们可以知道，在分批法下，产品生产号令或生产通知单既是会计部门确定产品成本核算对象的依据，同时也是生产成本明细账设立的依据。

生产费用可以分为直接费用和间接费用，在这些费用发生后，需要按照产品批别进行归集。归集的方法要根据不同的费用产生情况进行区分，例如，对直接费用可以直接计入产品生产成本，对于间接费用，首先需要针对各批产品采用适当的方法进行分配，然后再计入该产品成本核算单中。

2. 成本核算期

在分批法下，成本核算期与产品的生产周期基本一致，而与会计报告期不一致。企业按不同的批别或订单组织生产时，不同批别或不同订单的产品生产因生产的复杂程度、产品数量以及市场或客户的具体要求不同，其生产周期也就不一定相同。有的产品批别或订单当月投产，当月完工；有的产品批别或订单则需要几个月，甚至需要几年才能完工。因此，采用分批法进行产品成本核算时，其成本核算期是从各批别或订单产品的投料到产品完工入库之后，即在各批别或订单产品的生产周期结束后才核算成本。可见，分批法下的成本核算期并不一定是会计报告期，而且，不同批别或订单的成本核算期也并非固定不变。

3. 生产费用在完工产品与月末在产品之间的分配

分批法最大的特点就是成本核算期与生产周期一致，也就是说，如果某一批别或某一订单的产品尚未完工时，都处于在产品状态，月末所归集的生产费用全部为在产品成本。当该批别或该订单产品生产完工之后，在生产成本明细账上所归集的生产费用之和，全部为该批别或该订单产品的完工产品的总成本。

在小批量单件生产类型的企业中，一般不存在完工产品与月末在产品之间的分配问题，因为产品生产量小，一般同时完工没有问题。但我们无法保证所有的产品都会在一定时间内同时完工，如果批内产品无法在同一个月内完成，在月末核算产品成本时，需要分别核算出已完工产品和未完工产品的成本，这时可以将生产费用分别在这些产品中进行分配。但是，这种计算方法毕竟比较麻烦，耗费的时间和精力较多，在这种情况下，还可以采用另一种方法，就是先核算出完工产品的成本，然后将其从产品成本明细账中转出，剩下的就是在产品的成本了。这样的方法不仅可以简单、快速地核算出完工产品和在产品的成本，还能减少分配带来的不精确的问题。

当该批产品全部完工时，还应该核算各批产品的实际总成本和单位成本，但是对已经转账的完工产品不做账面调整。这样做的目的是核算先交货产品的成本。这种分配方法核算工作的优点就是简便易行，但是也有着分配结果不太准确的缺点。因此，为了克服这种缺陷，提高成本核算的准确率，在批内产品跨月陆续完工的情况较多、月末完工产品数量较大的时候，应该采用适当的分配方法，将费用在完工产品及月末在产品之间进行分配，分别核算它们的成本。解决这一问题的最根本方法还是应该从完工时间上下手，在合理组织生产的前提下，适当减小产品的批量，从而减轻费用在完工产品与月末在产品之间的分配核算工作。

（三）产品成本核算的分步法

分步法的产品成本核算对象就是产品的生产步骤，对于大量、大批的多步骤生产来说，分步法是最适合它们的成本核算方法。产品成本核算的分步法特征可以从以下几个方面来概述。

1. 成本核算对象

分步法的成本核算对象就是各种产品的生产步骤，在核算一项产品的成本时，应该从其生产过程入手，按照其生产步骤设立产品成本明细账。当然，产品的生产步骤也会根据产品数量的多少有一定的差异，进而会导致产品的成本核算也有一定的难易区分。例如，生产的产品只有一种，成本核算对象就是这种产品以及生产该产品所经过的各项步骤，产品成本明细账也应该根据这一步骤而开设。如果生产的产品种类较多，成本核算的对象就是这些不同种类的产成品以及它们各自的生产步骤，产品成本明细账应该按照每种产品的各个生产步骤开设。

但是，在利用分步法进行产品成本核算工作的过程中存在一个问题，那就是我们无法确保产品成本核算的分步与产品生产步骤的划分一定完全一致。例如，一个企业按照产品的生产步骤设立车间，那么一个产品有多少个生产步骤就会设置多少个车间，这时候核算成本的对象就可以视为产品的生产车间。而车间的多少也要根据企业的规模来决定，有些企业要求分车间核算成本，而有些企业不作要求，这时成本核算的方法就会产生区别。如果一个企业规模较大，它会要求分车间核算，并且可能还会在车间内又分为几个生产步骤，这时如果管理上又要求分步核算成本时，它也可以在车间内再分步核算成本。如果企业的规模较小，管理上并不要求分车间核算，这时就可以将几个车间合并为一个步骤核算成本。总之，成本核算对象的确定既要遵守简化核算工作的原则，同时也要严格按照管理的要求。

2. 成本核算期

成本核算的周期和时间的长短往往需要根据生产量的大小和时间长短来定，如果生产大量、大批的产品，生产过程肯定会比生产单种产品要长，所以跨月陆续完工的情况比较多。因此，成本核算一般都是按月、定期进行。

3. 各步骤之间成本的结转

我们都知道，产品的生产过程非常复杂，是经过一个个相互联系的步骤不断加工而来的，这些步骤环环相扣、紧密联系，每一个新的步骤都是对上一个步骤的加工，直到所有步骤完成。另外，每一个步骤都牵动着产品的生产成本，因此，为了核算各种产品的成本，还要按照产品品种，结转各步骤成本。这就是分步法与其他方法的不同之处，也是它的一个重要特点，也就是它在核算产品的成本时，在各步骤之间还有一个成本结转的问题。

二、产品成本核算的辅助方法

上述几种方法皆属于成本核算的基本方法，下面我们来研究几种成本核算的辅助方法，它们分别是分类法、定额法和标准成本法。

1. 分类法

在现在的工业企业中，不仅生产的产品种类、规格繁多，各种生产过程也是十分复杂的。这时就可以使用分类法进行核算，它是一种简便的产品成本核算法，能够有效简化成本的核算工作。

2. 定额法

定额法的特点是将符合定额的费用和脱离定额的差异分别核算，它能够配合和加强定额管理，加强成本控制，使成本核算的分析和监督作用得到更有效的发挥。

3. 标准成本法

在一些发达国家，为了加强成本控制、正确评价企业生产经营业绩，实现成本的标准化管理，经常会采用标准成本法来进行产品成本的核算。

基于上述情况，我们可以总结出来，辅助法主要有三种方法，分别是分类法、定额法和标准成本法。这三种方法的具体内容及其实践应用我们将会在接下来的三节内容中详细阐述，这里就不多作讨论了。

三、产品成本核算的基本方法和辅助方法之间的关系

产品成本核算法由基本方法和辅助方法共同组成，为了使产品实际成本的核算更加准确有效，才产生了基本方法与辅助方法的划分，因此，并不存在哪个重要，哪个不重要的问题，产品成本核算法离开哪一个都不行。但是它们之间的关系是，辅助方法是建立在以基本方法的基础之上的，因此，辅助方法的使用必须建立在基本方法的基础之上，否则无法使用。

在工业企业中，采用什么样的成本核算方法，受到各方面条件的影响，例如企业的生产特点、管理要求、成本核算对象等等，这些都会在一定程度上决定着成本核算采取什么样的方法。如果成本核算方法选择合适，不仅可以为企业提供正确的成本核算资料，也能有效加强企业对成本的管理。但是，无论采取怎样的核算方法，按照产品品种算出其成本都是最基本也是最重要的前提条件。因此，品种法是上述基本方法中最基本的核算方法。

第二节　产品成本核算的分类法及其应用

一、分类法的内涵及其特点

产品成本核算的分类法是指先按照产品类别归集费用，核算成本，然后分配核算类内各种产品成本的方法。它的特点可以概括为以下两点。

（1）产品的成本核算对象是产品的品种，因此，在核算产品成本的时候，首先应该按照产品类别归集费用。

（2）如果几个产品的类别相同，但是品种不同，那么需要使用一定的分配方法对其成本核算进行决定。

采用分类法进行产品成本核算时，首先要对产品的品种进行分类，分类标准可以为产品的结构、所用原材料和工艺过程等。因为分类法的成本核算对象是产品类别，所以在核算产品成本的时候，需要针对不同的产品类别设置成本明细账，账内要将各类产品的生产费用都分别记录好。各类产品成本核算完毕后，再选择适当的分配标准，在类内各种产品之间分配费用，核算类内各种产品的成本。

当同一种类产品内包含很多个产品时，我们可以依照不同的标准对其进行费用分配，所谓的标准可以是产品的重量、体积等，也可以是其售价、定额消耗量等。但是，针对不同的产品需要选择的标准也不同，面对众多的分配标准，在选择时，要充分考虑到其是否与产品成本高低关系较大。为了使分配结果更加合理，各成本项目可以采用同一分配标准进行分配，也可以根据成本项目的不同性质，选择不同的分配标准。

为了简化分配工作，提高生产效率，我们可以采用系数法来进行成本的核算。所谓系数法，就是在同类产品中选取一种标准产品，将其分配标准额的系数定为“1”，作为分母，然后用其他各种分配标注额与这一分配标准额相比，形成分子，这样其他产品分配标准额与标准产品分配标准额的比率就是系数。这个系数一般是相对固定的，不能任意变更。然后就可以按照该系数进行同类产品中各种产品的成本核算。这种系数法是分类法的一种，也可称为简化的分类法。

二、分类法的核算程序

分类法的核算程序可以分为以下两个步骤。

（1）对产品进行分类。前面我们已经说过，影响产品等级的因素可以从两方面来论述，一方面就是产品所用原材料和工艺技术，另一方面就是工人原因。当然，工人原因属于人为因素，它不能作为产品分类的标准，因此，可以按照产品所用原材料和工艺技术过程来分析产品的类别，然后按照这样的分类开设产品成本明细账，在账内分别将各种产品的生产费用都归集起来，然后核算产品的成本。

（2）分配的前提是有一个合理的分配标准，按照此标准对产品进行归类，然后在同类的各种产品间分配该类产品的成本，分别核算各个产品的成本。

三、分类法的适用范围和应用条件

（一）分类法的适用范围

其实，分类法与产品的类型并无直接的关系，因此，可以应用这一方法的产品类型十分广泛，这里列举了以下几种类型，都是可以使用分类法进行产品生产成本核算的企业类型。

（1）产品类型不同的企业。这个很容易理解，不同的企业生产的产品不同，但是并不影响它们对分类法的使用。例如，食品厂和钢铁厂很明显生产的产品是完全不同的，但是它们都可以采用分类法核算成本。

（2）联产品生产企业。所谓联产品生产企业，就是同一个企业对同一原料进行加工，可以生产出多种主要产品。最明显的例子就是化工企业，它们通过对原油进行提炼加工，可以生产出各种汽油、煤油和柴油等产品，这些产品就属于原油的联产品。这些联产品在生产加工过程中所使用的原料和工艺技术过程都是相同的，因此，可以归为一类，最适宜采用分类法核算成本。

（3）生产零星产品的企业。有些企业是专门生产一些零星的产品，既包括自制的少量材料和工具，也包括为合作单位生产的少量部件等，这些零星产品的特点是品种规格多，数量少，所占的费用比重小。虽然它们所用的原材料和工艺工程不一定完全相近，但是综合这些特点，可以把它们归为一类，在进行成本核算时可以采用分类法。

以上几种类型都是可以使用分类法进行产品成本核算的，但是我们还应该知道哪些企业类型是不能使用这一方法的。有些轻工业企业，有时生产出来的产品存在着品种相同质量不同的问题，那么造成其质量等级不同的原因将会影响到它是否能采用分类法来进行成本核算。因此，我们可以根据下面两种情况来讨论。

第一种，工人原因导致的质量等级不同。也就是说产品在原材料和工艺的技术、过程都是一样的情况下，因为工人操作的不同或操作过程中出现问题等导致产品质量出现了差别，但是在这种情况下这些产品的单位成本应该是一样的，因此不能使用分类法进行产品的成本核算。这也就是说，它们不同的售价不能成为其分配费用的标准，它们的质量决定了它们的等级，而它们的等级又决定了它们要采用不同的单位成本。只有按照不同的等级公正地分配费用，才能避免损失的掩盖，让企业真正发现问题，加强成本管理，从而提高产品质量。

第二种与第一种情况相反，如果导致产品质量出现不同等级的原因是原材料的使用和工艺技术的问题，而不是工人原因，那么这些产品还是属于同一种产品，只是规格不同，可以将其归为一类，采用分类法来进行成本核算。

（二）分类法的应用条件

采用分类法进行产品成本核算的时候，为了使成本核算的工作得到简化，可以在各个步骤中将产品类别作为判定标准。例如，在领料单、工时记录等原始凭证和原始记录的时候；在填写各种费用分配表的时候；在开设产品成本明细账的时候等等。这样的处理方法，能够在产品品种、规格繁多的情况下，方便工人分类掌握产品成本的情况，使工作效率更高。但是在这里我们必须明确一个问题，那就是在产品成本核算的过程中，无论计入费用是通过直接还是间接的方法，分配的时候都是按照一定的标准或比例进行的，这样核算出来的结果是具有一定的假设性的。由此可知，要想使得成本核算的结果更加准确，一定要选择合适的产品分类和分配标准，这在成本核算过程中是一个关键问题。

我们知道，如果两件产品使用的原材料和工艺技术过程相近，那么它们的成本水平在很大程度上也是非常接近的，因此，在对产品进行分类的时候，我们就可以将其作为判定产品是否属于同一种类的标准。这里就要涉及一个“类距”的问题。为了使得成本核算更加准确，类距定的既不能过大，也不能过小。过大会造成成本核算上的“大锅烩”，过小又会使得成本核算工作复杂化。为了使得类距更加稳定和适当，成本核算更加准确，我们可以在产品结构、所耗能源材料或工艺技术发生较大变动的时候，及时修订分配系数，或者另外选择分配标准。

第三节　产品成本核算的定额法及其应用

一、定额法的概念及特点

定额法也叫定额成本法，这种方法的运用需要以产品定额成本为基础，通过加减定额差异和定额变动差异来核算产品的实际成本。

定额法的特点是注重在事前控制产品生产的成本，而不是到生产完成之后再来核算费用。这样的方法有利于及时发现脱离定额差异的发生地点、数额、原因和责任，从而针对相应的问题采取有效的措施，做到降低成本、促进增产节支，提高经济效益。因此，我们将定额法的特点归结为以下三点。

（1）事前将目标定好，对目标的要求是按照它生产产品可以达到降低生产成本的目的。

（2）在生产过程中会发生相应的生产费用，这时可以将所发生的费用与定额费用进行对比，然后分别核算出符合定额差异的费用以及发生的差异。

（3）月末在核算成本的时候，将各种成本差异与定额成本相加，核算出实际成本。长期的累计可以为成本的定期分析和考核提供数据，从而制定出更加有效的目标和策略。由此可见，定额法不仅是一种产品成本核算的方法，更重要的是一种对成本进行直接控制和管理的方法。

二、定额法的核算程序

定额法的核算程序主要有以下四个步骤。

（1）制定定额成本。定额成本是根据企业现行的消耗定额、费用预算核算出的目标成本。它是用来控制成本的标准，是衡量生产费用节约或超支的尺度，也是核算产品实际成本的基础。因此，在使用定额法核算之前首先要制定相应的定额成本。

（2）核算脱离定额的差异。在产品生产之前预先制定了一个差异标准，这就是所谓的定额差异。但是在产品生产过程中实际产生的生产费用与标定额差异不符，就是所谓的脱离定额差异。及时正确地揭示脱离定额的差异，一方面可以反映出各项生产费用支出的合理程度和执行现行定额的工作质量；另一方面则有利于加强成本控制，以及寻求降低成本的途径。所以，正确地核算脱离定额的差异是运用定额法进行成本控制的关键环节。

（3）核算月初在产品定额的变动差异。变动差异产生的原因决定于定额的修改，产品按照修改之前的定额生产出来的产品的成本与按照修改之后的定额生产出来的产品成本之间存在一定的差异，这个差异就叫作月初在产品定额的变动差异。新旧定额之间所产生的差异，是定额成本变动的结果，定额变动差异的产生，反映着生产技术和生产组织的改善对定额的影响程度。

（4）核算产品的实际成本。经过以上各步骤的核算，采用定额法核算成本，最终还是要核算出产品的实际成本。

三、定额法的应用

假设某企业 A 产品的各项消耗定额比较准确、稳定，成本核算采用定额法。有关资料为：A 产品月初在产品 100 件，本月投产 400 件，本月完工 300 件，月末在产品 200 件，原材料是在开工时一次投入，月初、月末在产品的完工程度均为 50%。本月发生的直接材料 140 000 元，直接人工 22 000 元，制造费用 14 600 元，材料成本差异率为 -2%。本月投入工时定额 3 500 小时。该企业为了改进 A 产品的设计及工艺过程，决定从本月起将材料定额消耗量由原来的每件 40 千克，修订为每件 36 千克，其余各项定额不变。该企业为了简化核算工作，规定该产品的定额变动差异和材料成本差异全部由完工产品成本负担；脱离定额差异按定额成本比例，在完工产品与在产品之间进行分配。本月份 A 产品单位定额成本如表 4-3-1 所示，月初在产品成本如表 4-3-2 所示。

表 4-3-1　A 产品单位定额成本核算单

单位：元

产品成本项目	定额耗用量	计划单价	定额成本
直接材料	40 千克	10	400
直接人工	20 小时	6	60
制造费用	20 小时	4	40
合计			500

表 4-3-2　A 产品月初在产品成本

单位：元

产品成本项目	定额成本	脱离定额差异	产品成本项目	定额成本	脱离定额差异
直接材料	40 000	-2 000	制造费用	2 000	+160
直接人工	3 000	+240	合计	45 000	-1 600

根据上述资料，采用定额法核算 A 产品实际成本，步骤如下。

（1）根据上述资料编制本月 A 产品定额成本和脱离定额差异汇总表，如表 4-3-3 所示。

表 4-3-3　A 产品定额成本和脱离定额差异汇总表

单位：元

产品成本项目	定额成本	实际成本	脱离定额差异
直接材料	144 000	140 000	-4 000
直接人工	21 000	22 000	+1 000
制造费用	14 000	14 600	+600
合计	179 000	176 600	-2 400

直接材料定额成本 = 400 ×（36 × 10）= 144 000（元）

直接人工定额成本 = 3 500 × 6 = 21 000（元）

制造费用定额成本 = 3 500 × 4 = 14 000（元）

（2）核算材料成本差异。

材料成本差异 =（144 000 − 4 000）×（−2%）= 2 800（元）

（3）核算月初在产品定额变动差异。

$$A产品定额变动系数 = 36 \times \frac{10}{400} = 0.9$$

月初在产品定额变动差异 = 40 000 ×（1 − 0.9）= +4 000（元）

（4）编制产品成本核算表，如表 4−3−4 所示。

表 4−3−4　产品成本核算表

产品名称：A 产品　　　　单位：元

成本项目		直接材料	直接人工	制造费用	合计
初在产品成本	定额成本	40 000	3 000	2 000	45 000
	脱离定额差异	−2 000	+240	+160	−1 600
月初在产品定额变动	定额成本调整	−4 000			−4 000
	定额变动差异	+4 000			+4 000
本月生产费用	定额成本	144 000	21 000	14 000	179 000
	脱离定额差异	−4 000	+1 000	+600	−2 400
	材料成本差异	−2 800			−2 800
生产费用合计	定额成本	180 000	24 000	16 000	220 000
	脱离定额差异	−6 000	+1 240	+760	−4 000
	材料成本差异	−2 800			−2 800
	定额变动差异	+4 000			+4 000
脱离定额差异分配率		−0.0333	+0.0517	+0.0475	
本月完工产品成本	定额成本	108 000	18 000	12 000	138 000
	脱离定额差异	−3 596.4	+930.6	+570	−2 095.8
	材料成本差异	−2 800			−2 800
	定额变动差异	+4 000			+4 000
	实际成本	105 603.6	18 930.6	12 570	137 104.2
月末在产品成本	定额成本	72 000	6 000	4 000	82 000
	脱离定额差异	−2 403.6	+309.4	+190	−1 904.2

直接材料脱离定额差异分配率 = -6 000 ÷ 180 000 = -0.0333

直接人工脱离定额差异分配率 = +1 240 ÷ 24 000 = 0.0517

制造费用脱离定额差异分配率 = +760 ÷ 16 000 = 0.0475

第四节　产品成本核算的标准成本法及其应用

一、标准成本的分类及作用

（一）标准成本的分类

标准成本基本可以分为以下三种类型。

1. 现实标准成本

现实标准成本的制定是观察到现有的生产条件下能够进行有效的经营，在此基础上，预计出下一期最可能发生的各种生产要素的耗用量、价格等因素，充分考虑其可利用程度。虽说这种标准成本还存在某些短期内不能完全避免的不应有的低效、失误和超量消耗，但是相对于理想标准成本来说，它的优点是具有切实可行性，最接近实际成本，既可以用于成本控制，也可以用于存货计价，所以标准成本法一般采用这种标准成本。

2. 理想标准成本

理想标准成本的制定通常需要考虑理论上的生产要素耗用量、最理想的生产要素价格和可能实现的最高生产经营能力利用程度。这种标准太高，对生活中很多的实际情况都不适用，因此，在实际工作中应用较少。

3. 正常标准成本

正常标准成本是使用人数最多、使用时间最长的一种标准成本，这是因为它能与现实贴合，能大致概括出以往以及未来的平均生产水平。正常标准成本是通过对过去较长时间的实际数据进行积累，从而计算出的一个平均值，它的制定基础，如工作效率、耗用水平、价格和生产经营能力利用程度等都是在过去较长时间经验累积的过程中产生的一个正常的标准。但是这种标准成本也具有一定的局限性，因为它的参考标准是以往的经验，并没有确切的数据来衡量，因此，它不具有确定性，对目前的实际水平的反映也不够准确，因此，用它来控制成本是不够积极的。

（二）标准成本的作用

标准成本的作用可以概括为以下几点。

第一，标准成本为进行有效的成本控制提供依据。成本控制一般可以分为两种类型，一种是将历史上曾经达到的水平作为标准，这种标准包含着一些偶然性和不正常因素。另一种是将应该发生的成本，也就是成本发生的目标作为标准。确定成本标准的前提条件是要明确现状，通过对实际情况进行分析和调查得出的合理结论，它的制定具有客观性和科学性，制定的过程和方法也是科学的。由此决定了标准成本是比历史成本水平更为优越的控制依据。

第二，标准成本是经营决策的重要依据。从前面所述的标准成本的分类可以看出，标准成本是多方面因素结合而得出的一个成本值，因此，它是比较接近任何一个成本要素的，是一个比较合理的成本近似值。因此，无论是对于价格决策、投标议价，还是进行任何长短期决策来说，它都是一个非常重要的参考依据。

第三，将标准成本作为对在产品、产成品或销货成本进行计价的重要参考依据和合理的近似值，可以有效简化成本核算的账务处理工作，使得工作效率得到有效提高。

第四，标准成本不仅是编制成本预算的依据，在对责任中心成本控制业绩的分析和考核中也是非常重要的参考依据，采用标准成本，有利于责任会计的推行。

二、标准成本法的内涵和特点

（一）标准成本法的内涵

标准成本法的核算过程，首先需要预先制定一个标准成本，然后记录实际发生的成本，将两者进行比较，进而核算出成本差异。它的核心就是通过按照标准成本所发生的成本额和脱离标准成本所发生的成本额之间的对比，计算出两者的差异，从结果中分析产品成本的形成过程和结果，进而实现对成本的控制。这种成本核算方法是一种可以有效加强成本控制和评价经营业绩的成本控制制度，也叫作标准成本制度或标准成本会计。

（二）标准成本法的特点

标准成本法的特点主要可以概括为以下几点。

（1）为了与实际成本进行对比，从中分析出成本产生的差异，进而实现成本控制，需要预先制定产品各成本项目的标准成本。

（2）按标准成本进行产品成本核算。“基本生产成本”“产成品”和“自制半成品”科目的借贷方，均按标准成本入账。

（3）为了对产品成本进行有效的控制和考核，首先通过实际成本与标准成本的对比得出成本差异，然后将这些差异归集起来，为企业进行产品生产过程的考核和分析提供有效依据，便于企业采用合理的方法进行改进，缩小成本差异。

从上述特点中我们可以得出结论，标准成本法并不仅仅是一种成本核算方法，而是一种通过成本核算进而达到成本控制的目的的方法。整个系统基本可以分为三个环节，分别是制定标准成本、核算和分析实际成本与标准成本之间的差异、处理成本差异。

三、标准成本法的应用

（一）成本差异的核算

1. 直接材料成本差异的核算

直接材料成本差异就是用产品直接材料的实际成本减去标准成本得出的差额，它包括材料用量差异和材料价格差异两个部分。从三者关系角度来讲，直接材料成本差异还可以用直接材料用量差异加上直接材料价格差异得到。其中，直接材料用量差异是实际用量与标准用量的差额与标准价格的乘积；直接材料价格差异是实际价格与标准价格的差额与实际用量的乘积。

例 4－4－1：

假设 A 公司全年只生产一种乙产品，并仅耗用一种直接材料。预计计划年度每月产能标准工时为 1 000 小时，计划产量 500 只，实际产量为 520 只。乙产品的变动标准成本和变动实际成本分别如表 4－4－1 和表 4－4－2 所示。

表 4－4－1　乙产品变动标准成本

成本项目	用量标准	价格标准	标准成本
直接材料	4 千克/只	10 元/千克	40 元
直接人工	2 小时/只	15 元/小时	30 元
变动制造费用	2 小时/只	3 元/小时	6 元
单位产品变动标准成本合计	76 元		

表 4－4－2　乙产品变动实际成本

成本项目	实际用量	实际单价	实际成本
直接材料	2 000 千克	10.2 元/千克	20 400 元
直接人工	1 100 小时	15.5 元/小时	17 050 元
变动制造费用			3 080 元
产品变动实际成本合计	40 530 元		

根据以上资料，乙产品直接材料成本差异的核算如下。

直接材料价格差异 = 2 000 × (10.2 − 10) − 400（元）

直接材料用量差异 = (2 000 − 520 × 4) × 10 = −800（元）

直接材料成本差异 = 2 000 × 10.2 − 520 × 40 = 400 + (−800) = −400（元）

核算结果表明，与标准成本对比，乙产品本月耗用材料节约了 400 元。其中，由于采购部门材料实际采购价超过价格标准，超支了 400 元；生产部门在生产过程中节约了材料耗用，使成本下降 800 元。

影响材料用量差异的因素主要有材料消耗的浪费或节约及由于产品结构改变、材料加工方法改变、材料质量改变、材料代用等原因所造成的超支或节约，因此，材料用量差异的控制重点主要在技术设计部门和生产单位。影响材料价格差异的原因除了市场价格调整这一外部因素外，还有由于采购工作的质量所引起的问题，如采购地点、采购数量、运输方式是否合理，材料质量是否符合要求等，所以材料价格差异的控制重点主要在采购部门。

2. *直接人工成本差异的核算*

直接人工成本差异是指产品的直接人工实际成本与直接人工标准成本之间的差额，它包括直接人工效率差异和直接人工工资率差异两个部分。

直接人工成本差异 = 直接人工实际成本 − 直接人工标准成本

= 直接人工效率差异 + 直接人工价格差异

直接人工效率差异 = (实际工时—标准工时) × 标准工资率

直接人工工资率差异 = (实际工资率—标准工资率) × 实际工时

例 4−4−2：

根据例 4−4−1 的资料，乙产品直接人工成本差异的核算如下。

直接人工工资率差异 = (15.5 − 15) × 1 100 = 550（元）

直接人工人工效率差异 = (1 100 − 520 × 2) × 15 = 900（元）

直接人工成本差异 = 17 050 − 520 × 30 − 1 450 − 550 + 900 = 1 450（元）

核算结果表明，乙产品直接人工成本总体上超支了 1 450 元。其中，由于生产效率下降使成本上升 900 元，而工资率超过标准工资率使成本上升了 550 元。

直接人工效率差异的产生通常是由于机器运转不正常，材料或零件传递方法不当，工人技术不熟练等与生产活动相关的原因造成的，所以，直接人工的效率差异一般应由生产单位负责。直接人工工资率差异通常与人事变动、工资制度和工资级别的调整有关，所以一般由主管人事的部门负责，但如果是非生产工时造成的差异，如停工待料时间的工资、开会时间的工资等仍应由生产单位负责。

3. 固定制造费用成本差异的核算

固定制造费用成本差异指的是固定制造所产生的实际费用与实际产量下标准总额的差异。固定制造费用是固定成本，因此，一定业务量内，它不会随着业务量的变动而变动。对固定制造费用成本差异进行分析，可以采用“二因素分析法”和“三因素分析法”两种。下面我们来看看它们是怎样对固定制造费用成本差异进行核算的。

（1）二因素分析法。二因素分析法所指的两个因素分别是能量差异和耗费差异，二因素分析法就是对这两个因素进行分析。

能量差异指的是固定制造费用预算与实际产量的固定制造费用标准成本之间的差异，转换为公式，能量差异也就是这两者的差。它反映的是实际产量标准工时未能达到生产能量而造成的损失。

耗费差异指的是固定制造费用的预算金额和实际金额之间的差额，所以用实际产量下实际固定制造费用减去预算产量下标准固定制造费用得出的差就是耗费差异的值。从固定制造费用成本差异的定义中我们知道，固定费用不会因为业务量的变化而变化，因此，衡量实际生产是否耗费过多的标准是原来的预算数，而不是业务量的变动。也就是说，如果实际数超过预算数，就是耗费过多，否则就不是。

例 4－4－3：

根据例 4－4－1 的资料，假设 A 公司本月固定制造费用预算总额为 4 800 元；固定制造费用实际支付额为 5 000 元，乙产品固定制造费用成本差异的核算如下。

固定制造费用耗费差异 $=5\ 000-4\ 800=200$（元）

固定制造费用能量差异 $=4\ 800-520\times 2\times\dfrac{4\ 800}{1\ 000}=-192$（元）

固定制造费用成本差异 $=5\ 000-520\times 2\times\dfrac{4\ 800}{1\ 000}=192+200=8$（元）

核算结果表明，固定制造费用超支 8 元。其主要原因是费用控制不严等原因导致费用超支了 200 元；但生产能力的超额运转使成本下降 192 元。

固定制造费用的构成包含了各个部门的许多明细项目，要想设立一个合适的预算数目，以及进行准确的实际固定制造费用的计算，就应该对各个部门及明细项目分别进行编制和记录。因此，对于固定制造费用耗费差异的分析，应按明细项目将实际数与预算数逐一对照，以找出影响差异的主要原因。固定制造费用能量差异仅反映在固定制造费用预算不变的情况下，由于实际产量和预计产量不同而对成本分配造成的差异。产生能量差异的原因既与现有生产能力的利用程度有关，又与生产效率的高低有关。

（2）三因素分析法。对比二因素，三因素分析法出现了一个不同点，就是将二因素分析法中的“能量差异”分为“闲置能量差异”和“效率差异”两部分。闲置能量差异的形成是因为实际工时未达到生产能量，效率差异的形成是因为实际工时脱离标准工时。除此之外，三因素分析法关于耗费差异的核算方法与二因素分析法是一样的。因此，它们的核算方法分别如下。

固定制造费用闲置能量差异 =（预算产量下标准工时 - 实际产量下实际工时）× 固定制造费用标准分配率

固定制造费用效率差异 =（实际产量下实际工时 - 实际产量下标准工时）× 固定制造费用标准分配率

固定制造费用耗费差异 = 实际产量下实际固定制造费用 - 预算产量下标准固定制造费用

例 4 -4 -4：

根据例 4 -4 -3 的资料，乙产品固定制造费用成本差异的核算如下。

固定制造费用耗费差异 = 5 000 - 4 800 = 200（元）

固定制造费用闲置能量差异 $= (1\ 000 - 1\ 100) \times \frac{4\ 800}{1\ 000} = -480$（元）

固定制造费用效率差异 $= (1\ 100 - 520 \times 2) \times \frac{4\ 800}{1\ 000} = 288$（元）

固定制造费用成本差异 $= 5\ 000 - 520 \times 2 \times \frac{4\ 800}{1\ 000} = -480 + 288 + 200 = 8$（元）

三因素分析法的闲置能量差异（-480 元）与效率差异（288 元）之和为 -192 元，与二因素分析法中的“能量差异”数额相同。

核算结果表明，固定制造费用超支 8 元。其主要原因是费用控制不严等原因导致费用超支了 200 元；由于实际生产工时超过生产能力，使设备超负荷运转而使成本下降 480 元；而生产效率低于标准使成本上升了 288 元。

三因素分析法可进一步分析生产能力的利用程度和生产效率高低所导致的成本差异情况，有利于分清责任。一般而言，闲置能量差异的责任在管理部门，而效率差异的责任则往往在于生产部门。

4. 变动制造费用成本差异的核算

变动制造费用差异也是指实际与标准变动制造费用的差异，它的差异可以分为效率差异和耗费差异两个部分，它们的计算方法分别如下。

变动制造费用效率差异 =（实际工时 - 按实际产量核算的标准工时）× 变动制造费用标准分配率

变动制造费用耗费差异 =（变动制造费用实际分配率 - 变动制造费用标准分配率）× 实际工时

例 4 -4 -5：

还是根据例 4 - 4 - 1 的资料，乙产品变动制造费用成本差异的核算如下。

变动制造费用耗费差异 = $\frac{3\ 080}{1\ 100-3}$ ×1 100 = -220（元）

变动制造费用效率差异 =（1 100 - 520 ×2）×3 =180（元）

变动制造费用成本差异 =3 080 - 520 ×6 = -220 +180 = -40（元）

核算结果表明，乙产品本月变动制造费用节约了 360 元。其中，由于费用控制得当使当期变动制造费用下降 600 元，但由于生产效率下降，又使成本上升了 240 元。

与直接人工成本的分配相同，变动制造费用通常也是按照工时分配成本的，所以，变动制造费用效率差异的分析与直接人工效率差异分析基本相同。而对于变动制造费用耗费差异，则应按照细项目逐一分析，以找出产生差异的原因，挖掘降低成本的潜力。

（二）成本差异的账务处理

采用标准成本法进行账务处理时，对产品的标准成本与成本差异应分别进行核算。“基本生产成本”“产成品”和“主营业务成本”账户一般都按标准成本予以记录，对成本差异则单独设立账户予以登记，以反映产品实际成本脱离标准成本的差异数额。成本差异账户的借方登记超支差异，贷方登记节约差异和差异转销额。成本差异账户还应按差异分别设置明细账，分别核算各项差异。会计分录如下。

借：生产成本（标准成本入账）

　　相应成本差异账户（超支差异）

　贷：原材料/应付职工薪酬/制造费用（实际成本入账）

　　　相应成本差异账户（节约差异）

相应成本差异账户（节约差异）成本差异的转销一般有以下三种方法。

1. 即期处理法

所谓即期处理，就是在一个固定时期对某一项事物进行处理，一般成本差异的核算都是在每个月的月末进行的。

即期处理法的特点是通过将各种成本差异全部结转到销售成本中，在损益表上作销售成本的调整数，或记入损益账产处理。这时，期末资产负债表的在产品和产成品项目只反映标准成本。这种特点使得它的核算工作可以避免期末繁杂的成本差异分配工作，同时，本期发生的成本差异全部通过本期的利润来体现，从而如实地反映本期生产经营工作和成本控制的全部成效，符合权责发生制的要求。但是即期处理法的使用有一个要求，就是标准成本的制定一定要符合合理和切合实际的条件，而且要根据实际情况的变化不断进行修订。

2. 逐月分配法

逐月分配法就是在每个月月末的时候按标准成本的比例将各种成本差异分别分配给当月的销售成本、期末在产品和期末产成品等，改变它们原来按标准成本核算的方式，都调成为实际成本。这样的方法使得产品的实际成本都能在期末的资产负债表和损益表中得到及时的反映，可以真实地展现存货的实际价值和企业各期的经营状况，方便企业根据当前展现的状况和问题及时作出策略调整。特别是当各期的成本波动比较大的时候，该方法的这一价值就得到了充分的体现。但是逐月分配法也有一定的局限性，那就是在期末差异的分配上特别复杂，加大了产品成本核算的难度。另外，由于期末资产负债表和损益表反映的都是产品的实际成本，对本期成本差异进行分析和控制也是非常不便的。

3. 累计结转法

累计结转法与前两种方法不同，不再是在每个月的月末进行账务处理，而是在年终时对所有的产品成本差异进行核算，包括期末在产品成本、产成品成本和已经销售出去的产品成本。在核算的时候有两种处理方式，其一是将所有的成本全部一次结转到销售成本或损益账户中去，其二是将其按比例分配给这些在产品、产成品和销售产品。

之所以能这样做，不仅是因为这样更便于简化核算和账务处理的工作，也是因为标准成本的制定都经过认真的调查、分析和技术检测，因此，每个月月末的各种差异均不会太大，在成本核算中也不会出现太大的出入。但是任何方法都是有利有弊，从缺点考虑，该方法因为不能及时对每期的成本差异进行处理，导致当期的成本差异不能及时得到分析，给成本和利润的分析带来困难，对成本进行控制的成果也不能及时得到反映，长期积累下去，有可能造成利润的亏损和成本的提高，这样就难以及时发挥出标准成本制度的作用。

累计结转法虽然比即期处理法和逐月分配法累积的时间长，但是在年末仍然是采用即期处理法或逐月分配法一次结转成本差异，因此，账务处理方面我们就不再赘述。

第五节　产品成本核算的作业成本法及其应用

一、作业成本法的概念和特点

作业成本法的思想是在20世纪40年代由美国会计学家埃里克·科勒（Eric Kohler）教授提出来的。作业成本法是一种以作业为基础的成本核算方法，其成本核算过程可以概括为“资源—作业—产品”。企业的全部经营活动包括产品设计、物料供应、制造流程、质检、包装到产品入库、发货、运输、销售等都是由一系列相互关联的作业组成的，在这一系列的生产步骤中，每一个步骤都会消耗企业相应的资源，所谓产品的成本，也就是在生产这个产品过程中一共消耗了企业多少资源。用作业成本法对成本进行核算，实际上就是对生产过程中的每一项作业进行成本的核算，通过间接费用的分配，核算出作业成本。然后再按各项作业成本与成本对象之间的因果关系，将作业成本匹配到相应的成本核算对象，最终完成成本核算的过程。

作业成本法的特点可以从它的优点和缺点两方面来论述。

（1）优点。作业成本法的优点我们通过与传统成本核算方法进行对比得出结论，主要表现为两点。

第一，作业成本法扩大了间接费用的界限。传统成本核算方法的间接费用仅指制造成本，且将成本对象所耗费的间接费用按单一的标准如直接人工工时、机器工作小时等分配到成本对象，没有衡量成本对象与间接费用之间的本质联系，容易造成成本信息的扭曲。作业成本法认为生产产品需要各种作业来完成，因此，从产品设计、物料供应、生产、销售到售后服务，作业成本法把各种作业和作业中心均纳入成本的核算范围。而且对不同的作业中心产生的间接费用都按照成本动因来归集，以多个分配率来分配间接成本，从而能够提供相对准确的作业成本与产品成本信息。

第二，作业成本法更加关注未使用资源和非增值作业耗费。传统成本核算方法忽视了未使用资源和非增值作业耗费对产品成本核算的影响，影响了业绩考核的客观性。而作业成本法更为关注这一点，成本动因分析和作业中心的划分可以详细分析间接费用的增减变动原因，按作业中心划分责任中心也更有助于业绩考核，因此，作业成本法能够促使管理者关注作业中心的成本控制，消除浪费、降低产品成本，提高企业的经济效益，更好地发挥成本管理的预测、决策和控制职能。

（2）缺点。成本动因的选择具有一定的主观性；在实际作业中，有些资源具有共享性，难以完全精确分析；作业中心的划分有一定难度，与成本动因不直接相关的间接费用也要选择一定的标准分配计入各作业中心，这些在一定程度上影响了作业成本法的准确性。另外，一般而言，作业成本法会增加成本核算的工作量，加大核算成本。而且，将传统成本核算方法改为作业成本法，由于两种成本核算系统的核算口径和分配原理的不同，也会使同一家企业甚至同一种产品的成本信息缺乏前后的可比性。

基于上述分析，作业成本法一般适用于间接费用所占比重较大、产品范围较宽或种类繁多、生产运行数量相差很大而且生产准备成本昂贵、产品生产工艺复杂多变而会计系统变化较小、具有先进的核算机辅助管理手段的技术或资金密集型企业。而较少适用于产品结构单一、间接费用的数额相对较小且其发生与直接人工成本相关、管理水平与会计手段均比较落后的劳动密集型企业。

二、作业成本法的核算程序

作业成本法的核算程序可以分为以下几个步骤。

（一）认定作业

所谓认定作业，就是对每项消耗企业资源的作业进行定义，对每项作业在生产活动中所起的作用、与耗用资源的联系及其与其他作业的区别等进行识别。每个企业的生产经营特点和成本管理要求都是不同的，因此，确定一个企业作业的种类和数量是一件不容易的事。作业划分越细，成本分配越准确，但成本核算的工作量越大。

认定作业一般可以通过两种形式。第一种，根据企业总的生产流程，自上而下进行分解；第二种就是通过与各责任部门（设计、生产、维护、质检、配送等）进行讨论，自下而上地确认他们所做的工作，并逐一认定各项作业。企业的实际作业数量可以达上百个，但必须按照作业的“同质性”，将庞杂的实际作业归为一定数量的同质作业，作为成本核算的作业（本教材所称的“基本成本对象”）。在成功实施作业成本法的企业里，每个部门一般确定 5 ~10 个作业。

（二）确定成本核算对象

成本核算首先要确定成本核算的对象，也就是最终的成本对象。当然，并不是所有企业的成本对象都一样，这要根据企业的经营特点和管理要求而定。对于制造企业的成本核算首先要根据企业的生产特点和企业管理要求，确定产品成本核算对象，如品种、批别、步骤、类别等，并设置相应的明细账。对于服务性企业，要根据服务种类、服务对象以及管理要求确定最终成本对象。

（三）确定直接成本

作业成本法的直接成本包括传统成本法的直接材料、直接人工等直接成本项目，除了这些，原来在制造费用归集的，但能直接追溯到产品成本的作业成本也要归结到直接成本的范畴。这样可以减少间接成本的分配工作量。这一步骤是作业成本法中相对比较简单的。这部分的成本直接计入每个最终成本对象上，如各种产品、服务等。

（四）选择作业成本分配基础

选择作业成本分配基础，指的就是在进行作业成本分配时选择一个标准，这一做法是为了将归集的各间接作业成本分配到最终成本对象上。当然，在选择作业成本分配基础时，需要进行仔细的甄别，能否选择恰当的作业成本分配基础，将会直接决定作业成本分配是否精确，从而关系到最终成本对象核算的精确性，是作业成本法下关键的一步。根据前述按成本动因将作业成本划分为产出单位作业、批量作业、产品（服务）维持作业及生产维持作业四类，其对应成本分配基础是产品的数量、作业的次数、产品的种类、机器小时等。确定了分配基础的种类后，再确定分配基础的总数量。

（五）确定每个作业的间接成本

确定每个作业的间接成本也就是将企业的间接成本归集到各种作业上，确定每个作业上所发生的间接成本，也就是与每个成本分配基础有关的间接成本。每个作业的间接成本既是作业消耗资源的结果，同时又是被分配到最终成本对象的内容或项目，类似于传统成本核算的制造费用的归集。但传统制造费用的归集，是按车间进行的，而作业成本法是按作业进行的。一些成本可以直接认定由某个作业承担；而另外一些成本需要通过分配计入到多个作业上。这是作业成本归集合理性的关键。

（六）核算各间接成本分配率

当每个作业的间接成本与其对应的成本分配基础（标准）确定以后，就可以核算每个间接作业成本的分配率，即单位作业分配基础应负担的间接作业成本。其核算公式如下。

$$某作业的间接成本分配率=\frac{该作业的间接成本总额}{该作业对应的成本分配基础}$$

（七）核算各最终成本对象应负担的总间接成本

这一过程可分为以下两个步骤进行。

首先，根据每个作业的成本分配率，将每个作业间接成本分配到每个最终成本核算对象。其核算公式为：

某最终成本核算对象负担的某作业间接成本＝该最终成本核算对象的该作业成本分配基础的数量×该作业的成本分配率

其次，将每个最终成本核算对象所耗的各种作业的间接成本加总就是该最终成本核算对象的间接成本总额。

（八）核算各最终成本对象的总成本和单位成本

将第三步归集的各种最终成本对象的直接成本加上第七步核算的该成本对象的间接成本总额就是最终成本对象的总成本。如图4－5－1，我们用①～⑧来分别表示上述作业成本法的八个步骤，则成本对象的单位成本可以这样核算：

（1）先核算出产品1的成本。产品1的成本＝直接成本③＋间接成本⑦。

（2）得到的结果再除以该总成本对象的数量。

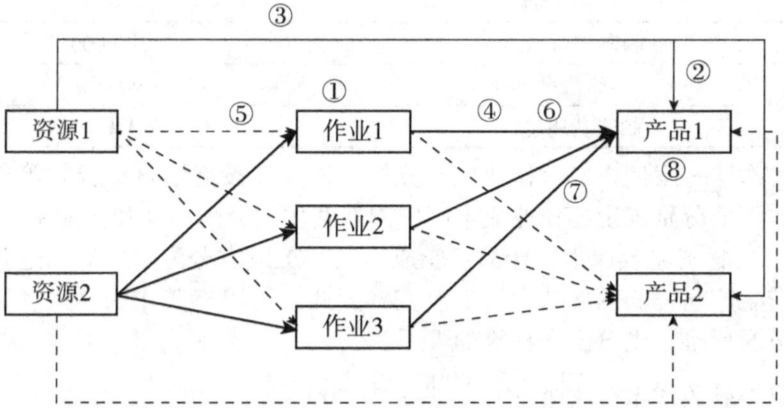

图4－5－1　作业成本法核算步骤示意图

三、作业成本法的应用

某企业本月生产甲、乙两种产品，有关产量、批次、成本、工时等资料如表4－5－1所示。该企业当月制造费用明细表如表4－5－2所示。

表 4-5-1 产品产量及耗费资料

项目	甲产品	乙产品
产量/件	250 000	50 000
生产次数/次	8	12
定购次数/次	8	12
每次定购量/件	20 000	2 500
直接材料成本/元	26 000 000	4 000 000
直接人工成本/元	2 500 000	500 000
机器制造工时/小时	500 000	300 000

表 4-5-2 制造费用明细表

单位：元

项目	金额
材料验收成本	320 000
产品检验成本	480 000
燃料与水电成本	400 000
开工成本	240 000
职工福利支出	210 000
设备折旧	400 000
厂房折旧	210 00
材料储存成本	120 000
经营者薪金	90 000
制造费用总额	2 470 000

针对这一案例，经过作业成本分析，该企业设立了材料验收等作业成本库，下面分别确定各作业成本库中制造费用的分配标准和分配率。

（1）材料验收成本、产品检验成本及开工成本分配率核算。这几项成本随着生产与订购的次数而发生改变，因此，可以将其作为这三者制造费用的分配标准，则分配率核算如下。

$$材料验收成本分配率=\frac{320\ 000}{8+12}=16\ 000$$

$$产品检验成本分配率=\frac{480\ 000}{8+12}=24\ 000$$

$$开工成本分配率=\frac{240\ 000}{8+12}=12\ 000$$

（2）设备折旧费用、燃料与水电费用分配率核算。机器在不断的使用过程中会造成自身的磨损以及能源的消耗等，产生折旧费、燃料费以及水电费等。因此，将机器制造工时作为这些费用的分配标准，则分配率核算如下。

$$设备折旧费用分配率=\frac{400\ 000}{500\ 000+300\ 000}=0.5$$

$$燃料与水电费分配率=\frac{400\ 000}{500\ 000+300\ 000}=0.5$$

（3）职工福利支出分配率核算。直接人工成本是职工福利支出的成本动因，因此，将其作为这项制造费用的分配标准，其分配率核算如下。

$$职工福利支出分配率=\frac{210\ 000}{2\ 500\ 000+500\ 000}=0.07$$

（4）厂房折旧费用、经营者薪金分配率核算。随着时间的推移，产品生产的增多，投入在厂房和经营者薪金中的成本也越来越多，因此，产品产量就是这两项制造费用的分配标准，其分配率核算如下。

$$厂房折旧费用分配率=\frac{210\ 000}{250\ 000+50\ 000}=0.7$$

$$经营者薪金分配率=\frac{90\ 000}{250\ 000+50\ 000}=0.3$$

（5）材料储存成本分配率核算。直接材料的数量或成本是材料储存成本的成本动因，以此作为这项制造费用的分配标准，其分配率核算如下。

$$材料储存成本分配率=\frac{120\ 000}{26\ 000\ 000+4\ 000\ 000}=0.004$$

根据上述核算的分配率，将各项制造费用在甲产品和乙产品之间进行分配，其分配结果见表4－5－3。

表4－5－3　制造费用分配表

单位：元

项目	制造费用	甲产品	乙产品
材料验收成本	320 000	128 000	192 000
产品检验成本	480 000	192 000	288 000
燃料与水电成本	400 000	250 000	150 000
开工成本	240 000	96 000	144 000
职工福利支出	210 000	175 000	35 000
设备折旧	400 000	250 000	150 000
厂房折旧	210 000	175 000	35 000
材料储存成本	120 000	104 000	16 000
经营者薪金	90 000	75 000	15 000
合计	2 470 000	1 445 000	1 025 000

根据上述分析与核算编制作业成本核算表，如表4－5－4所示。

表4－5－4　作业成本核算表

单位：元

项目	甲产品	乙产品
直接材料成本	26 000 000	4 000 000
直接人工成本	2 500 000	500 000
制造费用	1 445 000	1 025 000
总成本	29 945 000	5 525 000
产量/件	250 000	50 000
单位产品成本	119.78	110.5

根据上述核算结果，作业成本核算法和传统成本核算方法的产品成本核算结果比较如表4－5－5所示。

表4－5－5　作业成本与传统成本核算方法结果比较

产品	传统成本核算法/元	作业成本核算法/元	绝对差/元	相对差/%
甲产品	120.175	119.78	0.395	0.33
乙产品	108.525	110.5	－1.975	－1.79

剔除掉各批产品所耗用的直接材料成本和直接人工成本这两个不可比因素，仅就制造费用进行比较，结果见表4－5－6。

表4－5－6　制造费用分配比较

产品	传统成本核算法/元	作业成本核算法/元	绝对差/元	相对差/%
甲产品	6.175	5.78	0.395	6.83
乙产品	18.525	20.5	－1.975	－9.63

表4－5－5的核算结果表明，按作业成本核算法，甲产品单位成本由传统成本核算方法的120.175元下降到119.78元，相对差为0.33%；乙产品单位成本由传统成本核算方法的108.525元提高到110.5元，相对差为－1.79%。若仅就制造费用分配进行比较，相对差分别为6.83%和－9.63%，两者的差异更为明显。产生差异的主要原因是传统成本核算方法下，制造费用只采用单一的分配标准（一般是以工时消耗）。作业成本法为不同的作业成本库的耗费选择了相应的成本动因来向产品分配制造费用，从而使作业成本核算比按传统成本核算更为准确和科学。

作业成本法下使用的会计科目与传统成本核算方法一样，但是“生产成本”和“制造费用”的二级科目及明细科目设置与传统成本核算方法有一定区别。作业成本法下，在“生产成本”科目或二级科目下设置明细账（即成本核算单），成本核算单内需按“直接材料”“直接人工”“作业成本”设置专栏，其中“作业成本”栏月末根据各有关成本库分配转来的作业成本记入；“制造费用”科目可改称为“作业成本”科目，在该科目下按作业成本库名称设置二级科目或明细科目，在每个明细账户内，按作业耗用的各项资源的名称设置专栏，而且在设置专栏名称时，要尽量与会计准则和指南规定的制造费用明细项目名称保持一致。

第六节　产品成本核算的环境成本法及其应用

一、环境成本的内涵及分类

在当前社会中，各种工业废气、废水、固体废弃物等的排放使环境产生直接恶化；人们对原材料和能源的滥用等造成环境的间接恶化。这些都是造成环境破坏的主要原因。环境质量的理想状态是环境的零破坏。环境成本主要包括两部分，一部分是恶劣环境的出现导致的成本；另一部分是为了防止恶劣环境的出现所付出的成本。无论是恶劣环境出现之前还是之后，环境成本的产生主要是因为在这些方面的产出，如环境检测、环境保护以及环境内部失败和外部失败造成的成本。下面我们分别来看看环境成本所包含的内容。

1. 环境检测成本

环境检测成本检测的内容包括企业的产品、流程或其他作业等，通过对检测内容的分析，判断它们是否符合恰当的环境标准，在监测过程中所消耗的成本就叫作监测成本。但是，判断是需要有标准的，只有经过对比，才能知道是否符合。恰当的环境标准一般要求如下：第一，符合企业管理层制定的环境政策；第二，符合政府的监管法规；第三，符合国际标准化组织制定的非强制性标准。

2. 环境保护成本

为了防止污染物或废弃物的产生对环境造成破坏，人们常常会采取一定的环境保护措施，实施这些措施时带来的成本就叫作环境保护成本。环境保护作业的内容可以分为以下几个方面：第一，评价和挑选供应商和设备；第二，设计流程和产品；第三，培训员工；第四，开展环境研究；第五，建立环境管理系统；第六，审查环境风险；第七，回收利用产品等。

3. 环境内部失败成本

环境内部失败的含义是很多已经产生但是尚未排放到环境中去的污染物和废弃物，对这些物体进行处理而产生的成本就叫作环境内部失败成本。环境内部失败作业有以下目标：第一，确保产生的污染物和废弃物不会被排放到环境中去；第二，降低产生污染物和废弃物对环境的破坏，使其符合环境标准的要求。环境内部失败作业包括：操作污染治理设备，维护污染治理设备，处置和处理有毒废弃物，回收废料，等等。

4. 环境外部失败成本

与环境内部失败相反，环境外部失败因素是指已经产生并且排放到环境中去的因素，所以环境外部失败成本指的就是为了治理这些对环境造成威胁的因素所产生的成本。这种成本可以分为两种类型，分别是已支付和未支付的外部失败成本，两种类型的主体都是企业，也就是说根据企业是否支付由于这些污染物、废弃物等对环境造成不利影响所产生的成本来判定是属于已支付外部失败成本，还是未支付外部失败成本。在上述四类环境成本中，环境外部失败成本因为已经对环境造成既定的损害，因此，它是最具破坏性的。

二、环境成本的核算

（一）环境成本的分配

环境成本可以做如下分配。

1. 环境产品成本

流程和产品都是环境成本的来源。

第一，之所以说产品的生产流程是环境成本的来源，是因为产品在生产过程中，要经过很多流程，在这个过程中，总会产生很多的污染物和废弃物，它们会对环境造成严重的污染和破坏。

第二，产品本身也可能成为环境成本的重要来源。说到这个，我们也要从两点来论述。首先，我们会想到，购买产品之后，消费者一般会丢弃其包装物，这就是环境污染的一部分来源。另外，消费者对产品的使用和处置方法可能使得产品对环境造成破坏。这种环境成本属于购后成本。同时，这种成本需要由社会买单，所以也属于社会成本。

2. 作业基础的环境成本分配

一个健全的环境会计核算系统的最基本要求是将环境成本追溯到应为环境成本负责的产品。作业基础的成本系统将依据因果关系来对环境成本进行分配，分配过程可以从以下几步来论述：首先，根据资源动因，分析影响环境成本产生的原因，然后将环境成本分别分配给所有与环境相关的作业；其次，用某项环境作业的成本除以该作业的作业动因总量，核算出环境作业的作业分配率；最后，根据作业分配率以及每种产品消耗的作业动因数量，将环境作业成本分配给每种产品。

3. 职能基础的环境成本分配

大部分会计核算系统在进行成本核算时，都是将环境成本隐藏于间接费用之中的。但是为了进行环境成本的分配，就需要将其单独分离出来，放在一个单独的环境成本库中。职能基础的成本系统将环境成本库中的环境成本通过产量基础动因（比如直接人工工时和机器工时）分配到各种产品中。这种分配方法适合运用于相似产品的环境成本分配，这时它会具有非常显著的效果，但是当产品的种类较多或者对环境影响的差异较大时就不适合了，因为它极容易造成成本歪曲。

（二）环境成本核算的形式

环境成本核算的形式有两种，分别是独立核算形式和非独立核算形式。接下来我们对这两种核算形式分别进行分析。

1. 独立核算形式

将环境成本的核算从正常的会计核算体系中分离出来，成为一个独立的体系，单独设置环境成本的账外记录、部门和人员等，由各环境成本控制网点进行成本的核算。

2. 非独立核算形式

与独立核算形式相反，它不强调将环境成本的核算独立出来，而是与正常的会计核算结合在一起，只是在原有的科目表中增加环境成本一级科目，然后将我们前面所述的保护成本、检测成本、内外部失败成本分别列为其核算内容，视为二级科目。以此类推，二级科目之下还可以设置更为详细的科目。

三、环境成本的管理

环境产品成本可以揭示一个企业改进产品环境效应管理的必要性。而所谓的产品环境效应管理就是采取一系列有效措施来改善产品的环境效应，例如对产品进行设计、制造、维护和回收利用等。为了检测这些环境效应管理措施的实施是否有效，是否还需要改进等，我们设置了生命周期评价，对一种产品在整个生命周期中所产生的环境后果进行观察和分析、评价，进而找到改善环境、减小环境成本的机会。

如图4－6－1所示，产品生命周期的不同阶段可以由不同的主体控制。生命周期结合了供应商、生产商和顾客的观点，因此内部和外部环节都对评价不同产品和流程的环境后果具有重要意义。生命周期评价分别由以下三个阶段组成。

1. 存货分析

存货分析的内容既包括产品的产前因素，如原材料的种类、能源的投入等；也包括产后因素，如污染物和废弃物的种类、数量等。它贯穿整个生命周期。在生命周期的每一个阶段都存在着几个特定的关键问题，如"每种产品都需要什么原材料？生产每种产品的能源需求是多少？生产每种产品会排放出什么污染物和废弃物？废弃物是否有回收利用的可能？最终处置产品需要什么资源？"等等。

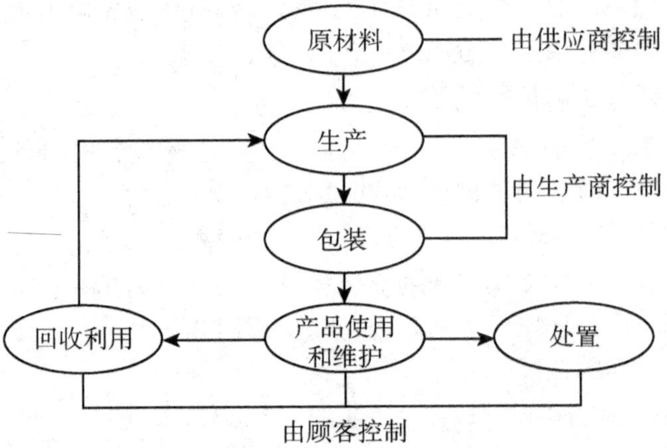

图4－6－1　产品生命周期阶段

对这些问题的回答就构成了存货分析。在存货分析阶段，确定相应的环境成本有助于后面的效应分析。

2. 效应分析

效应分析指的是对不同产品的环境效应进行的评价，评价的前提条件是存货分析所提供的信息。效应分析的最根本目标是确定不同产品的环境影响的财务后果，因此，在分析的过程中，应该具体到成本评价。原材料成本可以直接追溯而得，能源成本和环境排放物成本需要通过动因追溯得到。对于现有产品，要通过确认相关的环境作业和环境作业成本核算出作业分配率，从而将产品的成本依照分配率分别分配到相关产品上去。当然，有一些环境污染和能源的消耗是由于消费者购买后的使用产生的，这部分的环境成本也要算在其中，在采用完全环境成本法时进行考虑。核算出每种产品的生命周期单位环境成本，有助于进行后续的改进分析。

3. 改进分析

改进分析是针对前两种分析方法而做出的补充，它的目标是减少由它们所揭示的环境影响。通过经营和财务指标来对环境影响进行评价，以便在降低环境影响的各种备选方案中进行选择。这一阶段与组织的控制系统联系起来，改进现有产品和流程的环境业绩是环境控制系统的总体目标。

第七节　产品成本核算的质量成本法及其应用

一、质量成本法的核算形式

（一）独立核算形式

质量成本的独立核算形式论述的也是其自身的成本核算体系和正常的会计核算体系之间的关系。所谓独立，就是各自分开，将质量成本的核算单独列为一个体系，不与正常的会计核算体系相关联。那么这样的核算形式对企业有什么影响呢？首先，企业需要在各责任单位都设置一个独立的“质量成本”账户，在账户中对质量成本的构成内容、发生地点、发生数额、主要原因和责任主体等都分别登记下来。质量成本发生的数额有的可直接从会计核算账户中取得，例如，废品净损失费用、停工损失费用等。有的则需要从发生的生产费用中通过分析、核算和汇总取得。在取得核算结果之后，每个责任单位都可以根据结果定期编制质量成本报告，作为考评该责任单位质量成本管理业绩的依据。

独立核算形式有其自身的优缺点，其优点和缺点分别可以概括为以下几点。

1. 独立核算形式的优点

（1）与现有的会计核算体系是分开的，因此，它们之间互不影响，质量成本的独立核算形式能够独立且完整地反映质量成本的情况。

（2）能根据不同企业对质量成本管理的要求及其特点设计不同的核算体系。

2. 独立核算形式的缺点

（1）质量成本的独立核算体现自成一体，不仅在形式上脱离了现有的会计核算体系，同时也脱离了会计管理系统对它的管理，缺少相应的监督和控制，会比较难保证其原始凭证的真实性和可靠性。

（2）质量成本从现有会计核算体系中脱离出来，意味着它成为一个独立的核算体系，那么就需要为其增设专门的部门和人员，不仅使得部门之间的管理增加了难度，也在一定程度上增加了开销。

（二）非独立核算形式

非独立核算形式是在不改变原来会计核算账户体系的基础上，将质量成本核算收入该体系，与之成为一体，只不过在原有的基础上增加了“质量成本”这一项一级科目，同时取消“废品损失”一级科目。

1. 非独立核算形式的优点

（1）有利于质量成本的核算体系与现有的会计管理体系融为一体，成为日常会计核算的内容之一，受到其监督和管理，使得整个核算体系更加井然有序。

（2）质量成本核算账户体系的设置与应用，有利于与责任成本体系相结合，以考核质量成本的发生情况。

2. 非独立核算形式也有缺点

（1）调整了原有的会计核算程序，增加了会计核算工作量。新增的内容不仅打乱了原有的秩序，增加了新工作进入正轨的时间，而且构成质量成本的企业类型很多，它们之间也存在着很大的差异，因此，要在核算制度上作出统一的要求是比较困难的，无形中大大增加了会计核算的工作量。

（2）造成商品折价损失的原因有很多，有时候是质量因素导致的，但有时候不仅仅是质量因素引起的，例如滞销、停工损失等其他非质量因素也可能导致商品的损失。这些无法分清原因的因素耗费在质量成本核算中会大大增加核算的难度和精确度。

二、质量成本法的应用

（一）质量成本计量

1. 显性质量成本

所谓显性，就是我们能直接看到的，是在生产经营过程中，产品因为质量问题给企业带来的最直接的损耗，显性质量成本可以从企业的会计记录中取得。

2. 隐性质量成本

隐性质量成本的产生主要是由于质量不良导致的，也是导致企业损失的间接因素。常见的隐性成本如外部失败成本中由于顾客满意度下降、丢失市场份额等导致的损失等。隐性质量成本虽然包含的项目较少，但是数额巨大，由于在企业的会计记录中不予确认，通常需要我们对其进行估计。用于估计隐性质量成本的方法有很多，受篇幅限制，这里我们就其中的两种进行简单分析，对于其他方法感兴趣的读者可以借鉴相关资料。

（1）市场调查法。我们知道，隐性质量成本的产生主要是由于质量不良所导致，通过市场调查可以判断不良质量对销售和市场份额的影响。市场调查法的具体过程主要是对顾客进行调查或者对企业销售人员进行访谈，从中获取相关信息。这些信息将会成为隐性质量成本估计的重要参考依据。另外，预先了解市场情况，就可以预计不良质量所带来的未来利润流失数，进而采取有效的预防措施。

（2）乘数法。乘数法简单地假定全部外部失败成本是得到计量的外部失败成本的一定倍数。其核算公式为：

全部外部失败成本 = K × 已计量外部失败成本

在该式中，K 为乘数因子，根据经验估计确定。隐性质量成本等于全部外部失败成本与已计量外部失败成本之差。

（二）质量成本报告

质量成本报告是衡量企业在某特定时期内的质量成本构成情况的报表。质量成本报表的制作目的是方便企业管理人员尤其是高级领导更加清楚地了解产品质量成本的大小以及构成，从而作出正确的决策。质量成本报表常随着编制目的的不同而有多种不同的样式和类型。但是无论哪种编制方式，它们的内容都是从以下三个方面展开的。

（1）各质量成本要素占总质量成本的比重。

（2）各质量成本要素及总质量成本金额占销售成本或销售收入的比重。

（3）如果企业制订了质量成本预算，则还需反映实际成本与预算成本的差额。

下面我们通过一个实例来看看质量成本报告具体的制作方式。表 4－7－1 是某企业编制质量成本报告的例子（该表以假定的数据编制，并以销售收入为基数求相关百分比）。

表4-7-1 某企业质量成本报告

单位：万元

质量成本	预算	实际	差额	本期实际数占销售收入百分比（%）
预防成本（合计）：	70	69	1	3.45
质量工作费用	10	11	1	
产品评审费用	5	4	-1	
质量培训费用	10	10	0	
质量奖励费用	20	21	1	
质量改进费用	10	8	-2	
专职人员人工费用	15	15	0	
占总质量成本	35%	33.9%		
检验成本（合计）：	40	42	2	2.1
检验试验费	10	11	1	
工资及福利费	10	10	0	
检验试验办公费用	12	13	1	
设备与房屋折旧费	8	8	0	
占总质量成本	20%	20.6%		
内部差错成本（合计）：	50	55.5	5.5	2.775
废品损失	12	14	2	
返修损失	10	11	1	
停工损失	15	16	1	
事故分析处理费用	8	9	1	
产品降级损失	5	5.5	0.5	
占总质量成本	25%	27.3%		
外部差错成本（合计）：	40	37	-3	1.85
诉讼费用	5	4	-1	
赔偿费用	10	9	—1	
退货损失	5	5.5	0.5	
保修费用	10	9	-1	
产品降价损失	10	9.5	-0.5	
占总质量成本	20%	18.2%		
总质量成本	200	203.5		10.175
假定本期实际销售收入为2 000万元。				

第五章　企业成本报表的编制及成本分析

本章主要阐述产品生产成本报表、主要产品单位成本报表和费用明细报表的编制和分析方法以及 Excel 在成本核算中的应用等内容。目的就是能够提供所有产品的成本费用信息，进一步掌握企业成本费用的所有情况，为进行成本费用的预测、控制提供资料。

第一节　企业成本报表及其作用与分类

一、企业成本报表概述

所谓的成本报表就是人们根据企业日常的生产成本以及期间费用的核算和其他有关的资料经过精心编排而成的一份书面表达式报告文件，这种报告文件能够真实反映出企业在一定时期内的产品生产水平和构成情况以及费用平均的构成情况。

按照企业会计准则的相关规定，这种成本报表是为了企业更好地了解自身的发展和管理所制作的报表，并不会对外公布，我们知道编制和理性地分析成本报表，这是一种相对重要的成本管理工作，同时来讲，这也是成本会计的重要组成部分。

二、企业成本报表的作用

成本报表的主要作用是为企业内部各管理部门提供成本信息，以加强成本管理，降低成本，提高经济效益。具体作用如下。

（一）综合反映企业成本费用水平，揭示成本管理中的问题

产品的生产过程同时也是生产的耗费过程。生产经营过程要发生各种耗费，产品成本和费用是综合反映生产耗费的指标。企业生产经营过程中各种物料消耗的多少、设备利用的好坏、劳动生产率的高低、产品质量的优劣、资金周转的快慢等最终都会直接或间接地通过产品成本和费用指标反映出来。

（二）评价和考核企业内部各部门成本管理业绩的依据

我们能够通过编制而成的报表，有效地评价和考核相关部门人员的成本计划，以及实际花费的情况，以明确责任，合理奖惩，增强职工岗位责任感，调动职工的工作积极性和主动性，为全面完成企业成本降低任务而努力，并为以后编制成本计划提供依据。

（三）企业编制下期成本计划、制定产品价格的依据

成本报表能够提供出真实的成本和费用资料，这不仅能够满足企业的日常成本和费用控制的需要，而且还能够对企业的费用进行进一步的预测，为企业制定出更加合理的生产经营策略提供依据。

三、企业成本报表分类

成本报表是一种内在的报表形式，成本报表的编制主要是为了能够满足企业的经营管理需求，一般是不对外公布的。

一般情况下，企业编制的成本报表具有较大的灵活性、实用性和多样性。为了进一步认识和掌握成本报表，通常对成本报表按以下标准进行分类：

（一）按反映的内容分类

成本报表按其所反映的内容分类可以划分为反映产品成本情况的报表和反映各种费用支出情况的报表两类。

1. 反映产品成本情况的报表

反映产品成本情况的报表侧重于揭示企业在一定时期为生产一定种类和数量的产品所花费的成本水平及其构成情况，并与计划成本、上一年的实际成本是多少、历史最高水平的成本是多少，和同行业先进水平的成本相互比较，然后通过比较和分析找出产生差异的原因，进一步找出具体的责任环节，明确每个部门、每个人的责任，采取更多能够达到目标的措施，为进一步降低产品的生产成本，提供一份更加具有真实性的数据和资料。属于此类报表的有产品生产成本报表、主要产品单位成本报表等。

2. 反映各种费用支出情况的报表

反映各种费用支出情况的报表侧重于揭示企业在一定时期内各种费用支出的水平及其构成情况，并与费用预算、上年实际费用进行比较，通过比较分析，了解各种费用的支出是否合理，并且知晓它们的变动趋势，这

样有利于企业制定费用的预算，最大限度地控制费用的支出。考核费用预算的执行情况，明确有关部门和人员的经济责任，防止随意增加费用开支。属于此类报表的有制造费用明细报表、管理费用明细报表、销售费用明细报表、财务费用明细报表等。

（二）按编报的时间分类

成本报表按其编报的时间可以划分为定期成本报表和不定期成本报表两类。

1. 定期成本报表

定期成本报表一般又可分为月报、季报、半年报和年报，其主要目的是定期反映企业一定时期的成本、费用水平及其构成情况，以便于企业定期考核、分析成本计划、费用预算的完成情况。此外，为了及时反馈重要成本信息，也可以按旬、按周、按日，甚至按工作班组编报成本报表。

2. 不定期成本报表

不定期成本报表是企业为了满足临时的、特殊的需要而向有关部门和人员编报的成本报表。例如，发生了金额较大的内部故障成本时，必须及时将信息反馈给有关部门而编制的质量成本表。

（三）按编制的范围分类

成本报表按照其编制的范围来划分的话，我们可以将其分为全厂成本报表和车间成本报表两类。

1. 全厂成本报表

全厂成本报表主要包括产品成本报表、主要产品单位成本报表、管理费用明细报表、销售费用明细报表、财务费用明细报表等。

2. 车间成本报表

车间成本报表主要是指制造费用明细报表。

第二节　企业成本报表的编制

一、产品生产成本报表的编制

（一）按成本项目反映的产品生产成本报表的编制

1. 按成本项目反映的产品生产成本报表的结构

按照成本项目反映的产品生产成本报表一般可以分为两个部分，第一部分是生产费用，第二个部分就是产品成本。

产品成本的部分是在生产费用合计数的基础上，另外还需要加上产品和自制半成品的最初余额，然后再减去产品和自制半成品的最后余额，经过计算得出产品生产成品合计数。

2. 按成本项目反映的产品生产成本报表的编制方法

（1）上年实际数，应根据上年度 12 月份本表的本年累计实际数填列。

（2）本年计划数，应根据本年度成本计划的有关资料填列。

（3）本月实际数，应根据各种产品成本明细账中本月生产费用合计数，按照成本项目分别汇总填列。

（4）本年累计实际数，应根据本月实际数加上上月份本表的本年累计实际数计算填列。

（二）按产品种类反映的产品生产成本报表的编制

1. 按产品种类反映的产品生产成本报表的填列方法

（1）产品名称，应按照企业规定的主要产品的品种分项列示。

（2）本月实际产量，应根据相应的产品成本明细账填列。

（3）本年累计实际产量，应根据本月实际产量加上上月本表的本年累计实际产量计算填列。

（4）上年的实际平均单位成本，一定要根据上年本表所列的全年累计实际平均单位成本进行填列。

2. 按产品种类反映的产品生产成本报表的作用

（1）便于分析和考核各种产品和全部产品本月和本年累计的成本计划执行结果，对各种产品成本和全部产品成本的节约（或超支）情况做出评价。

（2）便于分析和考核各种可比产品和全部可比产品本月和本年累计成本的增减变动趋势。

（3）对于那些规定有可比产品成本降低计划的产品，我们可以分析和考核可比产品成本降低计划的执行情况，最终促使企业不断采取积极有效的措施来不断降低企业生产产品所需要的成本。

二、主要产品单位成本报表的编制

主要产品单位成本报表各项目、各专栏的填列方法如下：

（1）本月实际产量、本年累计实际产量，应根据成本计算单及有关资料填列本月和从年初起至本月末止的合格品数量。

（2）历史先进水平单位成本，应根据历史上该种产品成本最低年度本表的实际平均单位成本填列。

（3）上年实际平均单位成本，应根据上年度本表实际平均单位成本填列。

三、费用明细报表的编制

（一）制造费用明细报表的编制

1. 制造费用明细报表的结构

为了反映各生产单位各期制造费用任务的完成情况，企业的制造费用明细报表可以分车间按月进行编制。

2. 制造费用明细报表的编制方法

制造费用明细报表各项目、各专栏的填列方法如下：

（1）本年计划数，应根据本年度报审后的制造费用计划数填列。

（2）上年同期实际数，应根据上年同期该表的本月实际数或本年累计实际数填列。

（3）本月实际数，应根据“制造费用”总账账户所属各基本生产车间制造费用明细账的本月合计数汇总计算填列。

3. 制造费用明细报表的作用

（1）制造明细报表能够清晰地分析出当月的实际费用以及本年累计实际制造的费用，并且利用分析得出的数据跟往年同期的数据进行比较，最终从这些变化的数据中剖析出制造费用的构成发展变化及其发生这些变化的最根本原因。

（2）制造费用明细报表可以按制造费用项目分析年度内制造费用计划的执行情况，预测年末制造费用是节约还是超支，以便采取措施，有效地把制造的费用控制在本年度的计划之内，在年底按照每个项目费用的分析制造费用最终执行的结果，指出变动的原因。

（3）制造费用明细报表为编制下期制造费用预算提供可靠的参考资料。

（二）管理费用明细报表的编制

1. 管理费用明细报表的结构

管理费用明细报表一般是按管理费用项目分别反映各该费用的本年计划数、上年同期实际数、本月实际数和本年累计实际数。

2. 管理费用明细报表的编制

（1）本年计划数，应根据管理费用计划数填列。

（2）上年同期实际数，应根据上年同期该表的本月实际数或本年累计实际数填列。

（3）本月实际数，应根据管理费用明细账的本月合计数填列。

（4）本年累计实际数，应根据管理费用明细账本月末的累计数填列。

3. 管理费用明细报表的作用

（1）管理费用明细报表可以通过管理费用的本期实际数与上年同期实际数的对比，分析其增减变化情况。如果该表列有“本月计划数”栏，还可以分析本月计划的执行结果。

（2）管理费用明细报表可以在年末按费用项目分析管理费用年度计划的执行结果，分析其节约或超支的原因，也可以在年度内按费用项目预测年终时管理费用的发生情况，以便及时采取措施，将管理费用控制在年度计划之内。

（三）销售费用明细报表的编制

1. 销售费用明细报表的编制方法

（1）本年计划数，应根据本年度销售费用计划数填列。

（2）上年同期实际数，应根据上年同期该表的本月实际数或本年累计实际数填列。

（3）本月实际数，应根据销售费用明细账的本月合计数填列。

（4）本年累计实际数，应根据销售费用明细账的本月末累计数填列。

2. 销售费用明细报表的作用

（1）通过销售费用明细报表中本月实际数与上年同期实际数的对比，可以分析销售费用的增减变化情况。如果表中列有“本月计划数”栏，还可以分析销售费用本月计划的完成情况。

（2）销售费用明细报表可以在年度内按费用项目对年末销售费用的节约或超支做出预测，以便采取措施，在年度计划内严格控制销售费用，并在年终时按费用项目分析销售费用年度计划的执行结果及节约或超支的原因。

（四）财务费用明细报表的编制

1. 财务费用明细报表的结构

财务费用明细报表一般按照费用项目分别反映各该费用的本年计划数、上年同期实际数、本月实际数和本年累计实际数。

2. 财务费用明细报表的编制

财务费用明细报表各项目、各专栏的填列方法如下：

（1）本年计划数，应根据本年度财务费用计划数填列。

（2）上年同期实际数，应根据上年同期该表的本月实际数或本年累计实际数填列。

（3）本月实际数，应根据财务费用明细账的本月合计数填列。

（4）本年累计实际数，应根据财务费用明细账本月末的累计数填列。

3. 财务费用明细报表的作用

（1）财务费用明细报表我们可以按照费用的项目来分析财务费用本期实际数和上一年同期实际数相比的增减变化情况。

（2）财务费用明细报表可以在年末按费用项目分析财务费用年度计划的执行结果，分析其节约或超支的原因，也可以在年度内按费用项目对年末的财务费用进行预测，根据预测的财务费用节约或超支的情况，采取积极有效的措施，将财务费用控制在年度计划之内。

（3）可依据财务费用明细报表分析本年累计实际财务费用的构成情况。如果根据管理需要设置“上年同期累计实际数”专栏，还可以分析财务费用构成变化的趋势及其原因。

第三节　企业成本报表的分析

一、成本分析的含义及意义

（一）成本分析的含义

成本分析指的是根据成本核算提供的基础，再结合相关的计划以及其他的资料，采用专门的方法对影响成本不断波动的因素进行对比和深入分析，最终从各个角度和层面去了解成本变动的原因，找到变动原因之后，需要从根本上去找到解决问题的办法，并提出切实有效的整改方案，促进成本降低的活动。

（二）成本分析的意义

（1）通过成本分析和考核，可以评价企业成本计划的完成情况，尽量找出影响成本计划完成的因素，为降低生产的成本打好基础。

（2）通过成本分析和考核，可以从企业的实际成本中揭示出节约或超支的项目，并分析其原因，从而不断总结经验教训，改善成本管理工作。

（3）通过成本分析和考核，可以发现企业现时的成本水平与历史先进水平的差距，找到影响成本变动的各种因素，并且从根本上查明这种因素对于成本或者是超支的影响程度，最终为降低企业内部的成本提供更多更好的理论依据。

（4）我们通过成本分析和考核，能够有效地为成本预测以及相关政策决策提供资料，以提高企业成本管理的水平。

（三）成本分析的原则

1. 成本分析的定性与定量相结合的原则

成本的定性分析的目的在于将影响成本变动的因素，从其性质、内在联系及其变动趋势等方面进行揭示。而成本的定量分析的目的在于确定成本的变动情况及其对各因素的影响程度。两者相辅相成，互为补充。前者是成本分析的基础，后者是成本分析的深化。

2. 成本分析与技术经济指标变动相结合的原则

由于各项技术经济指标的水平直接或间接地影响产品成本的高低，因此成本分析必须与各项技术经济指标的变动相互结合，只有这样我们才有可能查出影响成本便动的具体原因，掌握其中变动的原因之后，我们才能够有针对性地制定相应的方案，为降低产品成本的解决方法提供更多理论依据。同时二者的完美结合，又能从经济的角度促使企业更好地完成各项技术经济指标，从而改善企业的生产技术条件。

3. 成本分析与完善企业内部经济责任制相结合的原则

为了深入、持久、有效地进行成本分析工作，就必须把成本分析与完善企业内部经济责任制有机地结合起来，以考核和评价企业内部各个责任单位的经济效果和工作质量。

二、影响成本变动的因素

（一）影响企业产品成本变化的外部因素

1. 企业设置的方位及环境因素

由于企业距离原材料、燃料和动力的供应地点、远近不同，企业距离产品销售的市场远近不同，因而其购入价格、运输费、保险费、包装费等就有所不同，这些必然影响材料采购成本和产品销售成本的高低。

2. 企业技术装备水平的高低与企业规模的大小

技术装备水平的高低直接影响生产效率，从而影响生产成本。企业生产规模的大小，会在生产、采购成本方面产生较大的差异，在既定的技术水平条件下，由于生产规模的合理扩大，实现规模经济通常就会带来单位成本的下降。

3. 生产要素的供应状况

劳动力、机器设备、原材料等供应状况的好坏，以及物流专业化和规模化的程度直接影响企业的生产投入成本，最终影响企业产品成本。若生产要素供应充裕，企业有充分的选择余地，则购入成本会低些；反之，若选择余地小，则购入成本高。而这些最终会表现为生产成本的升降。

（二）影响企业成本变动的内部因素

（1）企业生产能力及利用水平的充分性。

（2）原材料、燃料、动力的合理消耗。

（3）设备状况及其利用效率。

（4）生产工作质量的高低。

（5）生产工人的工资水平和制造费用的节约程度。

三、成本分析的主要方法

（一）对比分析法

1. 实际指标与计划指标对比

通过这两项指标的对比，可以分析计划完成隋况，发现差异，为及时纠正偏差服务。

2. 报告指标与上期或历史指标对比

通过这些指标的对比，可以分析本期与上期、本期与历史最好水平的差异，揭示发展趋势，有助于积累历史经验，改进以后的工作。

3. 本期实际指标与同行业先进水平、国际先进水平对比

通过这些指标的对比，可以反映本企业与国内、国际先进水平的差距，扬长避短，为企业明确努力方向、挖掘降低成本的潜力服务，为提高企业经济效益服务。

（二）比率分析法

所谓的比率分析法指的就是通过计算各个指标之间的比率，以此作为依据，重点考察某企业经济业务的相对效益的分析方法。其中比率分析法我们还可以人为地分为相关指标比率分析法以及构成比率分析法两种。

1. 相关指标比率分析法

所谓的相关指标比率分析法指的就是我们需要通过计算两个性质完全不同，但是在一定程度上又有一定相关关系指标的比率，然后进行数量分析的一种方法。

2. 构成比率分析法

所谓的构成比率法，指的就是通过计算每个指标在总体中所占的份额，也就是部分和全部的比率，然后对数量进行一定程度分析的方式和方法，我们称之为构成比率法。

（三）因素分析法

1. 连环替代法

所谓的连环替代法我们又可称为连锁替代法，这是一种用来计算几个相互关联的因素对综合经济技术指标的变动影响程度的方法。

2. 差额计算法

所谓的差额计算法就是连环替代法的一种简化形式，差额计算法能够很好地利用每个因素的实际数与基数之间的差额，然后通过分析和收集数据，计算出每个因素对综合指标差异的影响数值。

四、各种费用明细报表分析

（一）各种费用计划完成情况分析

把费用明细报表中的各项费用的本年累计的实际费用和本年度的计划费用数目进行比较，进而找到两者之间的差异性，本年度的实际费用和计划费用的差距主要是在什么地方，下一年需要改进的地方在哪里，这都是分析报表时需要考虑的问题。

由于各种费用所包括的费用项目具有不同的经济性质和用途，为了具体分析各种费用的增减变化和计划执行好坏的情况与原因，应按各个费用项目分别进行，对超支或节约数额较大或者费用比重较大的项目，应重点进行分析。

（二）各种费用增减变动情况分析

根据各种费用明细报表中的资料，将本月实际数与上年同期实际数进行对比，可以揭示本月实际数与上年同期实际数之间的增减变化，以便从纵向角度观察、比较各项费用的变动，特别是一些主要的、重点的费用项目（如工资、折旧费、水电费、差旅费、办公费等）的变动情况和变动趋势。

在对管理费用、销售费用和财务费用进行分析时，还应注意对于变动费用项目，应该根据业务量的波动来计算出相对的节约或超支情况，对于那些具有固定费用的项目，我们可以把基数和实际数额做比较，然后直接确定出其中的差异性，也就是直接找出节约的数额或超支的数额。但是对于某些在支出上有损失的项目，我们应该结合它的抵消数额来对其进行分析。

总之，通过上述分析，应促使企业不断总结经验，不断改进企业的生产经营和管理手段，并且要合理、有效地控制和分配每项费用的支出，为提高本企业的经济效益提供更多的理论和实践依据，从根本上行找到一条适合自身企业发展的道路。

第四节 Excel在成本核算中的应用

一、Excel在要素费用分配中的应用

（一）Excel在材料费用分配中的应用

在企业的生产和经营过程中所领用的各种材料，其中包括原材料、包装物及所有的易耗品等，不论是企业外面购买所得的，还是自身生产的，所有的材料都需要按照审核之后进行领取或退回，然后再根据材料的有关用途进行合理的分配和整理。

属于直接用于产品生产的原材料，一般是需要按照产品的品种分别领用，这也属于直接计入的费用，我们就可以直接计入到相关的成本项目中，但是在计入的同时，我们一定要注意对于那些不能按照产的品种分别领用的原材料，而是属于那种很多产品都需要消耗的原材料，这就属于间接计入的费用，这时，我们就要采取一种简便快捷的方法，对其进行分配，然后再计入相关的费用项目中去。

我们知道原材料的分配方法其实是一种很简单的分配方法，但是对于原材料的分配标准有很多，本部分的Excel应用应配合企业的成本核算制度突出分配标准。

（二）Excel在职工薪酬分配中的应用

职工薪酬包括的内容较多，本章仅以工资和福利费用为例讲解Excel在职工薪酬分配中的应用。工资和福利费用需按照其用途和发生部门进行归集和分配，企业生产经营发生的工资和福利费用应计入产品成本或期间费用。

（三）Excel在固定资产折旧费用分配中的应用

所谓的固定资产折旧就是在固定资产所使用的寿命之内，会按照一定的方法，把相互对应的折旧额进行系统的分摊，其分摊费用以折旧费用的

形式记入产品成本和期间费用。

成本核算实际工作中，固定资产折旧费用分配首先要确定固定资产折旧范围，然后计算折旧计提范围内固定资产应计提折旧额，最后根据固定资产用途及使用部门进行折旧费用归属的确定。转换到 Excel 环境下，当会计人员清查固定资产折旧范围及相关信息之后，可以通过固定资产折旧计算表自动计算各项固定资产应计提的折旧额，并通过编制固定资产折旧费用分配表界定折旧费的归属问题。

二、Excel 在辅助生产费用核算中的应用

（一）Excel 在辅助生产费用归集中的应用

所谓的辅助生产费用指的就是带有辅助性质的生产车间或者生产部门为基本的生产车间或生产管理部门等提供辅助性的产品或者人员上帮助的过程中所发生的生产费用。

在辅助生产费用进行归纳总结的时候，我们需要先按照辅助生产车间分别进行归纳和总结，然后，再按照不同的产品或劳务并区分成本项目进行归集。

（二）Excel 在辅助生产费用分配中的应用

辅助生产费用分配的方法有许多种，不同的辅助生产费用分配方法不仅计算工作量大小不一样，而且特定会计期间各种产品或各管理部门应分摊的辅助生产费用也是不相等的，从而会引起产品成本的高低变化和利润的增减变化。因此，应当慎重选择辅助生产费用的分配方法。

三、Excel 在制造费用核算中的应用

（一）Excel 在制造费用归集中的应用

制造费用指的是在企业的生产过程中，由于生产产品而产生的一系列应该计入产品的成本中去，但是并没有专门给其设置成本项目所产生的各项生产费用。

通常来讲，制造费用包含的内容是比较复杂的，在这个时候，我们一定要按照硬性的管理要求去对这些生产费用的项目进行专门项目费用的设定，并且还要对这些项目进行定期的核算工作，掌握各项费用的计划执行情况。“制造费用”科目，一般情况下需要按照车间或者部门来设定相应的明细账目。当制造费用发生的时候，我们需要根据相关的凭证以及每种类型的费用明细分配表，把这些费用计入制造费用。

（二）Excel 在制造费用分配中的应用

制造费用的分配是指在生产多种产品的车间中所发生的一种制造费用不能直接作为生产费用被计入产品成本中的现象。它要求这种费用产生之后，应该作为间接费用来处理，采用一种恰当的分配方法来对费用进行分配，分别计入相对应的产品成本中去。

从分配原理上来看，制造费用分配需要明确以下问题：由哪种产品负担制造费用？如何负担？负担多少？也就是说，制造费用分配的关键问题是确定制造费用的分配对象和分配标准。合理的制造费用分配标准与制造费用发生应具有较强的因果关系，且分配标准应较易获得。

（三）利用 Excel 按分配标准分配制造费用

在四种常用制造费用分配方法当中，生产工时比例法、生产工人工资比例法、机器工时比例法有较大的相似性。这三种方法都是将制造费用当期归集费用在生产车间同时生产的若干产品间按照指定的分配标准进行分配。而这些分配标准大都能够从已有的核算资料中直接获取，并不需要进行分配标准的换算或者处理。除分配标准的获取途径不同，这三种方法的分配对象一致，分配原理相同。为简化核算工作，增强制造费用分配表 Excel 工作表的应用，将这三种制造费用分配方法的核算程序设计为同一张 Excel 工作表。

（四）利用 Excel 按年度计划分配率分配法分配制造费用

四种常用制造费用分配方法中，按年度计划分配率分配法较其他方法复杂，涉及的基础数据采集也较其他三种方法多。采用这种方法，不论各月实际发生的制造费用有多少，需按照年度开始前确定的全年适用的计划分配率分配制造费用。其分配工作，必须先掌握年度计划分配率的计算要素，以及本期核算车间各产品承担制造费用的参数。

（五）利用 Excel 完成制造费用分配方法的选择

利用 Excel 完成辅助生产费用分配方法选择的 Excel 程序，同样可以运用于制造费用分配方法的选择中来。当“制造费用归集”Excel 工作表中的归集程序计算完毕，通过 Excel 提供的功能进行分配方法的选择。同时，将计算结果返回到制造费用明细账和生产成本明细账。

四、Excel 在完工产品成本和在产品费用分配中的应用

（一）完工产品和在产品之间费用分配的方法

完工产品是指已经完成全部加工过程，经检验合格可以对外销售的产

品。在产品是指处于生产过程中尚未完工的产品。

企业需要做的就是能够根据产品数量的多少、每一项费用在总费用中所占比例的大小、每个月的产品数量变化的大小等，找到一种更为方便的的非配方法，在完工的产品和在生产产品两者中间进行费用的合理分配。

（二）Excel 在不计算在产品成本法下的应用

如果说企业在每个月的月末，没有在产品的存在，或者说在产品的数量相对比较小，那么为简化成本计算，我就可以忽略月末在生产产品的产品成本，所以，从这个层面上来说的话，某种产品本月所有的生产费用就是其完工产品的生产成本。

（三）Excel 在在产品按所耗直接材料费用计价法下的应用

如果企业的月末在生产产品的数量比较大，数量的变化也比较大的情况下，或者说是直接材料费用在所有的成本费用中所占的比重比较大的时候，为了进一步简化成本的核算，月末在生产产品的成本只需要计算所耗用的直接材料费用就好了，并不需要计算所耗用的直接人工、直接燃料及动力和制造费用。

（四）Excel 在约当产量比例法下的应用

所谓的约当产量比例法就是在每个月的月末，把所有的产品数量统一按照完工的程度再折算为相当于完工产品的产量，这种产量的计算方法就是约当产量。最后还需要按照完工产品产量与约当产量的比例分配来计算出完工产品的费用和约当产品的费用。

（五）Excel 在产品按完工产品成本计算法下的应用

当产品按完工成品成本计算方法的时候，每个月的月末该产品需要已经加工完成或者改产品接近完工的情况下，但是并没有验收或者包装入库，为了更好地简化成本的核算，我们将未完成的或即将完成的产品一同看作是完工的产品，同时还要按照完工的产品在产品的数量上进行分配使用。

（六）Excel 在产品按定额成本计价法下的应用

如果企业的定额管理制度比较好的话，各项消耗定额或者是费用方面的定额比其他企业更具稳定性和准确性，并且每个月的产品数量变化变动不大的话为简化成本核算，可按照预先制定的定额成本计算月末在产品成本然后从某种产品生产费用合计中减去月末在产品的定额成本，即为完工产品成本。

（七）Excel 在定额比例法下的应用

在企业定额管理基础相对较好的情况下，并且该企业的各项消耗定额或者是费用定额比较准确和稳定，并且每个月的产品数量变化比较大的情况下，我们可以选用定额分配标准来分配生产的费用。也就是说，我们需要按照完工的产品和月末在生产的产品两者的定额消耗量或者是定额费用之间的比率，来进一步分配计算完工产品和月末的在生产产品。

五、Excel 在成本报表编制中的应用

（一）利用 Excel 编制成本报表示例

对于企业常用的成本报表可设计成各类成本报表 Excel 工作表，在需要的时候，最好直接就可以使用，或者稍加改变就能够使用。尤其是在同一年当中，在成本报表中需要经常用到的项目，如“本年计划数”“历史先进水平”等基础数据较为稳定，为各期成本报表制作带来较大的便利和可比性。而“本年累计实际数”也可以通过 Excel 提供的运算方式，进行自动运算。

（二）利用 Excel 编制成本报表

1. 成本报表格式设计

编制成本报表前，我们可以根据企业的生产经营特点以及成本管理对成本信息的一系列要求，进而列举出企业常规编制的成本报表清单，最终设计出各个成本报表的基本格式。

Excel 提供较强的编辑功能，成本报表可在 Excel 面板中做字体、边框、数字格式以及背景设置等多种自动处理。

2. 成本报表数据的表间关系

成本报表数据可分为两类：一类是基本数据，如成本报表中的“计划数”、“历史先进水平”、“上年同期数”等；一类是通过基本数据的计算获得数据，如“产品成本合计”、“××比率”等。

第六章　碳减排成本核算方法及案例分析

本书前几章已将对企业的成本核算及应用作了较为详细的介绍，本章将针对碳减排成本核算方法和案例做出分析，主要内容包括世界碳减排成本估算方法及政策规制、行业碳减排理论与模型以及基于一些模型的碳减排成本估算分析。

第一节　世界碳减排成本估算方法及政策规制

作为市场经济条件下国家干预经济的所有环节中的重要一环，环境的相关法规和政策是当地政府设定的一种政策上的目标和对微观经济主体的程序性规范，其目的是实现当地的环境保护和环境治理。

一般来说，环境政策就是对行业以及微观经济主体进行直接或者间接的经济、社会控制和一定程度上的干预。目的就是能够纠正现有市场存在的一系列问题，使行业具有更加明确的主导方向、保证行业主体和微观经济主体取得不错的经济绩效，最终实现社会福利的最大化，当地政府或者是有关部门一定要结合相关的法律法规和必要的经济手段，依据国家政权的强制性和市场经济规律来实现最终的目标。

从目标、对象、性质、手段和主体 5 个方面来对规制进行解读，其特征主要包括以下几点：

（1）制定政策的主体是具有公共管理职能的政府机构和社会组织。

（2）政策目的是纠正市场失灵，维护良好的社会经济效果。

（3）政策对象为人文社会中与行业中的微观经济主体。

碳减排政策是一种对于 CO_2 排放的制约性工具，对于这种排放政策的规章和政策是丰富多样的，种类很多。

以下是几类目前国内和国际的各种碳排放政策规制工具。

一、碳税

碳税被认为是众多的气候保护政策最划算的减排措施，因此在国际范围内被广泛提倡。碳税指的就是以石化能源的含碳量作为计算税率的重要依据，对石化能源征收消费税的一种行为。征收碳税使石化能源产品的价格在一定程度上有所提高，而当石化能源的价格与之前相比有了提高，人们就会在资源的保护和节约方面更加注重自身的不良行为，非石化能源在价格上也就会占有更加稳固的优势，也在一定程度上提高了人们开发和利用新能源的积极性。

很多经济学家都对碳税政策持支持态度，他们认为，这样做无疑是一举两得，不仅能够达到既定的碳减排目标，而且这种方式还是所有途径中成本最低的。此外，碳税的征收一定会给各个相关经济主体很大压力，包括促使其采取高成本的方法来改变自身运行机制等，并且这个压力还将会是持久的、稳定的，最终使得各个经济主体能够在市场环境中根据自身的情况来选择更好地减排途径。

自从欧盟实施碳税之后，成功减缓了 CO_2排放，从中我们可以获取一些经验，我们不难发现，实施碳税不仅可以大量减少含碳物燃料的使用，促进可再生能源的发展和利用，而且还为政府节约了更多的资金，收取的碳税可以作为节碳减排技术的研究经费以及用于环境保护的资金。所以，从长远的角度来看，碳税对于节能减排和保护我们来与生存的环境是非常重要的，这种做法需要在国际社会中加以推广。只有这样我们才有可能发挥出碳税在保护环境方面的重要作用。

碳税的优点主要体现在如下几个方面：

（1）管理成本低，可行性好。

（2）基于合理成熟的经济学原理，使由环境破坏引起的社会成本转为内部化。

（3）对企业和个体造成间接刺激，使之寻求低碳生产生活方式。

每个新政策推行的初期都会受到诸多阻力，碳税也不例外，其阻力主要来自如下几个方面：

（1）企业和社会群众的接受程度是最大难题，由于碳税的征收会关系到个人、企业的社会各个层面，并且具有的隐蔽性相对较差，能够被社会群体觉察到，所以，引起的社会反响在一定程度上回给政府机关带来舆论压力，此外，由于碳税的征收关系到劳动密集型企业的切身利益，因此，他们一定会大力反对，妨碍政策的顺利实施。

（2）需求价格存在弹性，碳税的减排效果难以预测和统计。

（3）具体实施过程中对各碳排放实体 CO_2 排放量的准确检测也存在一定的难度。

综上所述，我们不难发现，在权衡两者利益之后，征收碳税绝对是一个减少 CO_2 排放量的有效途径，因此，各个国家都应当根据本国的具体国情来制定相应的政策，最终达到节能减排、保护环境的目的。

二、排放权交易

以下是 CO_2 排放权交易制度的基本内容：

（1）设定 CO_2 排放水平的总额度。

（2）对这一额度进行合理分解，使之成为一定单位的排放权，并将排放权按一定方式分配给各个相关经济主体。并允许各经济主体出售排放权。

（3）如果某一个企业的实际排放量少于分配给它的额度，那么，该企业就可以将多余部分的排放额度进行出售，进而得到一定的资金回报。而如果一个企业排放了超过其所分配的额度的量，那么，该企业就要购买超额的排放额度，只有购买成功之后，才能免于政府有关部门处罚。

在固定好排放总水平的前提下，让单位排放的价格在交易市场中随着经济形势的变化而发生同质性的变化，这是排放权交易制度的核心。而碳税在实施过程的核心则是确定好单位排放的价格，碳排放的总和是无法确定的。

由于两者之间的核心不同，这就导致了排放权交易价格的不确定性，这就在一定程度上使得企业不能依靠减排成本的多少来确定自身技术创新的进步程度以及在节能减排方面政策的制定，同时，现有市场上的能源密集型产业的产品价格也会上下浮动不定，这也是碳排放交易权中所面临的一项重大问题。

从排放权的本质上来看，也可以将其认为是环境容量资源的限量使用权。排放权交易制度会以此为基础，然后政府在确定污染物排放总量的标准之后，合理分配排放权，最终企业就可以在市场上交易自己获得的排放权指标，也就是说由市场自身来确定排放权的价格走向，实现资源的优化配置。

对于整个排放总量的标准制定以及排放权的交易制度的制定是目前遇到的最大困难。假如排放标准制定的过于宽松，那么一些企业有可能连低成本的减排措施都不采取，相反，制定太严格的话，对于很多企业来说无疑是一项重大的开支，很难保证企业的盈利和生存，最终对保护环境只能是空谈了。

目前国际碳排放权交易市场可以大体划分为两大类：一类是以项目为基础的交易市场，另一类是以配额为基础的交易市场。

图 6－1－1 所示是其具体划分形式。

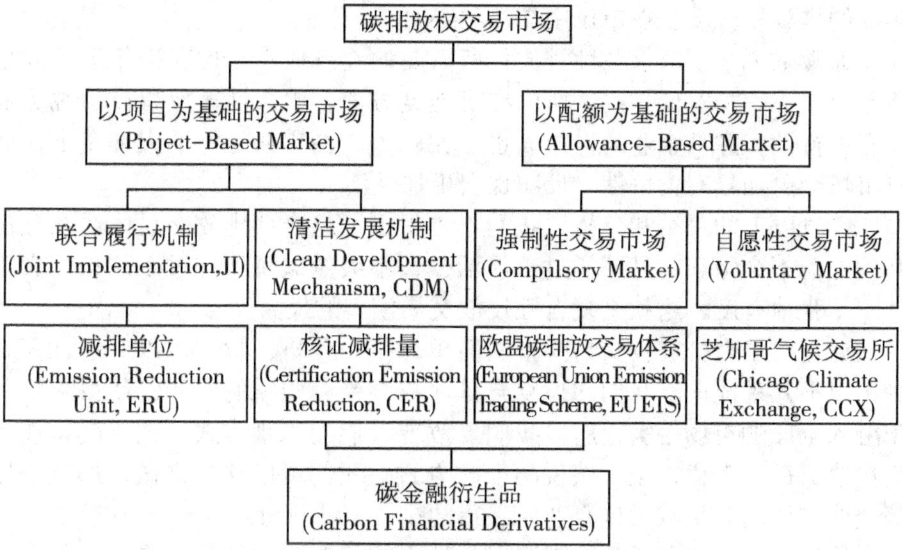

图 6－1－1　国际碳排放权交易市场划分图

就目前的状态来说，中国的碳排放权交易市场主要是以项目为基础的交易市场，也就是我们经常提及的 CDM 交易体系。同时来讲，中国也会积极创新，根据企业的实际情况来发展适合自己的碳交易项目。中国的政府也会大力支持碳排权交易市场的相关建设体系。

三、复合排放权交易体系

经济学家对一般的排放权交易体系进行了深层次改革，之前的排放权交易制度是以数量为基础的，但是新型的排放权交易制度是以价格和数量两者相互结合的形式为基础，形成了一种复合的排放权交易制度。

这复合型程度排放权交易制度中存在两种形式的排放权，一种是永久性排放权，另一种是年度排放权。

（一）永久性排放权

永久性排放权以排放权交易为基础，永久性排放权决定了经济主体在每一年拥有的 CO_2 排放额度。这种排放权的总额度是一种长期的减排目标，永久性排放权可以通过拍卖或者免费赠送的方式来获得。

（二）年度排放权

年度排放权是以碳税为基础的，在一定程度上会对政府制定某年被允许排放的 CO_2 总量产生影响。年度排放权可以不限数量地在市场上进行交易，但是每个经济总体总是能够以固定的价格购买到年度排放权，那么本年度的排放权就没有在市场中交易的必要了。

通常来说，获取永久性排放权所需要的经济成本会比获得年度排放权所需要的成本相对低一些，所以在可能度方面，永久性排放权比碳税更加具有可行性，并且企业的选择面也会比较大，在市场经济的大环境下，面对市场会更加具有竞争性，反应也会更加灵活。

经过以上的总结和分析，我们不难得出，复合性排放交易体系在理论基础上既不会像碳交易那样过于灵活，又不会像碳税那样过于死板，真正做到了张弛有度，这就是复合性排放交易模型的最大优点。

通过对复合排放权交易模型的简单介绍和分析，我们可以对这种模型做出以下几种改进。我们知道复合排放权会受到国家的限制，使得它不利于融入全球的市场中去，所以我们要改变我们的思维方式，把年度排放权直接改成征收碳税，至于碳税的征收方式，我们可以这样来做，那就是用该企业排放的总量减去该企业所获得的排放权的总量。

这样一来，永久排放权就可以从这个市场制度中解放出来，参与全球的竞争。站在全球化的角度来看，由于碳税的存在，对于那些技术相对落后的国家而言，可以在一定程度上防止碳排放权的大量流失。

四、财政补贴

所谓的政府财政补贴，就是国家为了实现某一种政治目标或者是经济目标，由国家的财政局专门提出部分资金对某类型或者某个企业进行一种资金上的支持行为。国家对于能源及其相关产品所提供的补贴在减少 CO_2 排放以及提高能源的利用率方面有至关重要的作用。

由于被补贴的对象不同，有的是企业，有的是个人，那么政策补贴的效果也会有所差别，对于不同企业的补贴也会产生不同的效果，对于可再生资源、节能技术的投资开发等项目进行补贴就会减少 CO_2 排放量，而如果对电力企业或石化能源企业进行亏损补贴或价格补贴，就会在一定程度上增加 CO_2 的排放量。

五、政府管制

政府管制也称政府规制，它指的是政府运用公共权力，制定规则，来对企业或个人进行强制的调控或限制的行为。

政府管制碳减排一般有两种手段，即指令标准和政府定价。

（一）指令标准

所谓的指令标准是指政府对一些耗能比较高的企业制定的各类标准。例如，行业准入标准、行业耗能限额标准等等，这些标准目前都正在实行。

（二）政府定价

政府定价指的是政府直接制定出能源产品的价格，不是由经济市场来直接决定的，这种规制的方法是全世界都经常用到的一种方法，但是在经济学家看来，直接由政府来进行管制，这样的手段会比经济管制的手段在成本方面要高出很多。

在市场经济的条件下，政府的管制一般只会对少数商品进行定价，比如我们说的稀缺资源以及关乎民生的最基本的能源物质等。政府定价时也要结合市场制定合理的价格，其制定的价格无论是高于市场均衡价格，还是低于市场均衡价格，都会影响效率。另外我们说，由政府直接定价会在一定程度上造成腐败现象，对市场造成人为的垄断，阻碍市场的形成。

指令标准在一定程度上也会带来一些负面的影响。就拿汽车行业来说，当政府规定了汽车能源消耗的标准之后，一些大排量的汽车自然而然会随着市场的变化逐渐被淘汰，但是对于那些排量相对较低的汽车来说，为了更加方便自己的生活，它们的行驶里程就会变得越来越多。总之，两者之间是不能够达到一个平衡的。

六、其他工具

（一）地质减排

CO_2地质减排过程一般有三个步骤：

（1）CO_2的捕集与分离。

（2）运输气体。

（3）灌注并且存储到地下设备中。

此技术在多个国家已有实践，如日本地球创新技术研究院（Research Institute of Innovative Technology for the Earth，RITE）与日本工程进展协会（Engineering Advancement Association of Japan，ENAA）于2003年7月7日～2005年1月11日期间成功地以每天20t的速率向盐水层灌注超临界相

CO_2，灌注总量约为1.047万t。

然而，它也有缺点，如成本高、泄露速度大，且目前技术尚未成熟，仍需要不断完善。在推广之前，需要政府有一定的资金投入。

（二）新能源开发

一般情况下，为了能够缓解油价的上涨以及将来会发生的能源危机，我们不得不进行新能源的开发，所以新型能源的开发并不是简单地为了减排。现阶段，我们熟知的风能、太阳能以及核能等并没有从根本上减少碳的排放量，而是在一定程度上某些方面中替代了煤炭、石油等能源物质的使用，进而达到了减排的目的。随着社会进步的步伐越来越快，新型能源的需求量也不断上升，新能源本身的减排量也成为一个亟待解决的问题。但是，我们不得不承认，新型能源的开发对于缓解气候变化起着至关重要的作用，同时新型能源的开发和利用也是各国能源结构调整的大趋势。

（三）其他

随着科学技术水平的不断发展，碳中和技术也越来越成熟，越来越多的新技术和新方法不断被推出，比如现在已经被广泛利用的农业土壤机制、填埋低下油层等。

但是从另一方面来讲，这种方法的风险性会比较大，需要的成本也会比较大，并不能作为长久之计。要想真正实现可持续发展的低碳经济，我们一定要学会从源头出发，真正做到节能减排。

第二节　行业碳减排理论与模型

一、碳减排对行业绩效的影响

碳排放及碳减排对行业经济影响的理论研究源于环境规制对行业经济的影响研究。环境规制是碳减排规制的上一级概念，碳减排规制是对单一CO_2减排政策方面的制约。环境规制涵盖了CO_2减排，另外，还包含对各种环境污染物排放的控制及环境的保护。我们可以将环境规制的定义简要地理解为，政府为达到保护环境的目标而制定的各类政策与措施。

在静态的情况下，严格的环保政策会降低总产出，因为它对生产产出集有一种额外的约束。同样，在动态的情况下，污染企业进行减排活动可能会提高生产成本，另外，减少资本和激励投资回报和较低的投资导致经济增长放缓。这是一种消极的直接输入效果。这种转变是很难预测的。波特（Porter）和范德林德（van der Linde）均认为，现行的环境政策会对企业施加更多的行为约束，在一定程度上会促进技术结构的调整。

下面是学者对减排规制与行业绩效关系的认识归纳。

（一）减排规制必然导致行业绩效下降

政府在制定相关政策的时候，会密切关注环保法规的制定是否会影响市场经济的健康发展。部分经济学家也从实际入手，对环保法规的制定实施结果进行了深入的调查和分析，研究结果表明，环保法规的影响是负面的。

随着社会的不断进步，考虑环保绩效的同时衡量生产效率的方法已经被开发出来了，人们已经证实了要想保住生产率的持续增长，排放标准在一定程度上一定要做出相应的牺牲。

许多涉及行业及国家层面，分析环保规制同生产率增长之间的关系的研究，这样的环保机制一定会在某些方面影响到产出的增长，遏制生产力的增长。现行的环保机制主要是为了规范和制约工厂生产，而在行业的应用和国家级的数据分析就很少。一旦涉及环保规制和生产率之间的关系研究与传统工厂级数据的生产力增长的环保法规和措施的研究时，相关的文章会比较少，并且研究的结果也不会很明确。

（二）减排规制引发技术创新并提高行业绩效

波特（Porter）在20世纪90年代初提出了减排规制可引发绩效提高的观点。

在波特看来，只要我们有精心的设计，减排规制政策一定会给企业的技术创新带来新的曙光，进而使得行业和国家及国际间的竞争力得到进一步的提高。这种就要有创新意识的观点也被称为修正观点或者是波特假说。

一些学者的实证分析也证实了波特假说。杰夫（Jaffe）和帕默（Palmer）通过对美国1975—1991年制造业相关的统计数据的分析，发现滞后的污染治理成本与研发支出间存在显著的正相关关系；科恩（Cohen）和波纳米尔（Brunnermeier）对1983—1992年美国146个制造业的统计数据进行了对比和分析，得出环境污染治理成本与专利数量间是正相关关系，但这一相关关系显著性较低。从以上实证分析的结果我们可以看出，减排规制对技术创新的激励作用确实存在，且与行业绩效的下降并没有必然联系。

（三）减排规制对行业绩效的影响不确定观点

从20世纪90年代中后期开始，就有经济学者试图更加系统全面地分析减排规制对行业绩效的影响结果。经过讨论和分析，经济学者认为减排规制会给行业产生影响这点是毋容置疑的，只是由于行业具有不同的特点和经济市场结构，因此，对不同的行业会产生不同的影响。也就是说，根据行业的不同情况，减排规制可能给行业绩效带来正面影响，也可能给其带来负面影响。

1. 治理成本角度

每个行业之间的排放量和污染治理的成本之间存在很大的差异，所以减排规制对于每个行业产生的影响也是千差万别的。

2. 技术创新角度

减排规制在一定程度上会促进技术的革新，技术的创新能够在很大程度上降低行业成本。

3. 市场结构角度

减排规制会导致产品成本的逐渐上升，使得企业用尽全力将成本逐渐转移到消费者的身上，在企业相对集中的市场结构下，这一转移会更加容易进行。

4. 减排规制政策质量角度

减排规制质量包括规制的强度以及减排规制政策的工具，减排规制政策的质量会在很大程度上影响行业绩效。

因此，在不同减排规制政策下行业绩效会呈现巨大差异。一般情况下，我们可以允许企业用最低的成本来达到控制污染的最终目标，并且对技术革新有着较大的激励作用。

二、碳减排行业经济影响分析模型

碳减排规制对经济影响的分析方法大体可分为两类，一类是自下而上，另一类是自上而下。

自下而上的分析方法对于同质的企业集合分析更加适用，对于全部由同质企业联合的行业来讲，这种方法看似更加适合。然而每个行业均由若干企业联合而成，这样的自下而上分析必然需要大量的企业数据支持。并且由于企业碳减排技术的多样性，自下而上的分析则需要更多减排技术的综合调研。

由此可见，此类自下而上的分析法需要巨大的数据量，调查和分析的过程困难。这类自下而上的分析方法集中体现在节能技术综合成本模型中，因此，下面将对这一模型进行介绍，并配以针对某行业各种技术练舍案例和行业企业综合案例。基于目标行业的特点，在碳减排经济影响分析方法介绍中集中介绍自上而下的分析方法。

（一）节能技术综合成本估算模型

行业在估算碳减排成本时具有明确性和可测性的特点。行业经济运行过程通常具备行业特色的生产函数，相对宏观整体来看，其碳减排技术范围较窄，技术过程清晰。

因此，通常情况下，行业在测算碳减排成本过程中，更倾向于将各种可能减排技术成本曲线加以综合，得出行业减排成本。当然这种方法只适用于成熟行业、成熟技术及统计数据完善的情况。

由于节能技术综合成本估算是应用技术经济学的基本理念进行的，因此这里首先对几个技术经济学的概念作一介绍。

1. 成本曲线

所谓的成本曲线指的是以成本为函数表达式，并且在直角坐标系中形成形式各样的曲线图型，其中横坐标是产量，纵坐标是成本。

成本曲线是成本函数的几何表现，通过对成本函数的各种运算我们就可以获得成本曲线和边际成本曲线。

2. 长期总成本曲线

所谓的长期总成本曲线指的就是无论在什么样的产出水平之下，总可以实现的最低总成本，是短期成本曲线最低点的一种叠加。在长期范围内，每个企业都可以对自己的规模进行调整，对于任何的产出水平都能够通过调节自身的生产规模来实现最低德尔产出成本。

厂商能够在长期之内对全部的要素投入量进行相关的变动，因此来说，在生产量确定的情况下，企业总是能够以最佳的生产规模来进行产品输出。

当测算的目标行业已定时，针对已成熟发展的行业，必须具备成熟的减排技术和完善的统计数据，并依据完善的统计数据按以下步骤来核算行业减排成本：

（1）搜集行业发展及能源使用数据，并依据此建立生产成本基线。

（2）建立行业 CO_2 排放趋势曲线。

（3）对各种 CO_2 减排技术措施及其相对应的 CO_2 排放量进行统计。

（4）综合各种减排技术，并按权重整合。

（5）完成行业碳减排技术成本曲线。

（6）依据相应减排目标得到对应的碳减排成本。

（二）目标规划模型

下面是具体以目标规划模型为基础进 CO_2减排成本的估算的方法。

1. 建立一个经济同环境整合体模型，并且分析流程和估计步骤

我们可以采用对目标进行改善次序的妥协来估算 CO_2减排和经济发展之间的密切关系，当然这中估算一定要在社会总体目标的前提下进行。

因此完整的经济多目标规划问题可以表示为

$$s = (\max VA,\ \min Z_{CO_2})$$

S. t. $\quad s \in S$

式中：VA——经济所得目标；

Z_{CO_2}——CO_2 减排目标

2. 设定对目标的约束限制

我们知道，随着社会的不断进步和发展，每个行业的发展变化与整个社会都是息息相关的。每个行业之间也都有着千丝万缕的联系。因此，仅仅通过减少某个行业的污染排放量是无法达到整体减排目标的。

因此，我们在进行目标规划估算行业的产出成本时，要对行业所处的社会环境进行行为上的约束，只有这样我们才有可能对行业的生产优化具体地分析。

在完成模型构建后，估算碳减排成本。

（三）投入产出模型

1. 投入产出调查

我们知道，调查是在投入产出分析理论体系中最基础、最重要的一个环节。投入产出调查的重要性和基础性主要体现在它得到的数据是制作投入产出表的基础。投入产出调查的工作量是很大的，做调查需要花费相关人员大量的时间、精力，因此也就加大了人力、物力、财力的投入。

由于中国的统计工作开始较晚，在针对 CO_2排放方面的积累数据较少，这也加重了调查的困难。

自 1987 年起，中国在全国范围内进行了五次投入产出调查，都是由国家统计局负责开展和实施，采取自上而下的行政命令式的组织形式，而参与投入产出调查的部门有很多，如固定资产统计司，国民经济核算司，工业交通统计司，地、市统计局的投入产出调查部门，全部大型工业企业，部分中型工业企业等。

2. 投入产出表编制

投入产出表的编制采取的方法有直接分解法和间接推导法。

作为一种传统的制表方法，直接分解法在统计单位中的使用非常广泛。

直接分解法和其他任何一种方法相比都具有高度的精确性，因为直接分解法编制出的投入产出表是经过对企业的各种原始记录准确分析和汇总的结果，所以我们就可以很肯定的说，直接分解法具有其他方法不具备的准确性和可靠性，是一种比较有代表性的方法。

但是直接分解法的缺点在于质量水平和时效性不能保证，假如基层企业没有健全的原始投入产出记录，就会使分解质量受到影响，而且，采用直接分解法进行编制时，工作量较大，需要耗费的时间也就增多，这样就对时效性产生影响。

而间接推导法能够在一定程度上弥补直接分解法成本高和时效性差的缺点。采用间接推导法编制投入产出表，在分析各部门产出时，只按照其实际构成情况来分解，而不分解其中间消耗，这就使调查工作量大幅度减少。但是不可否认的是，无论哪种方法，它们的工作都是一项相当复杂的过程，并且编制的时间都会超过一年。

第三节　基于节能技术综合成本估算模型的碳减排成本估算实践分析

一、节能技术

所谓的节能技术就是通过提高能源转化的效率来进一步降低对能源的需求，最终达到减少 CO_2 排放和减少燃料消耗的目的，也就是在生产同样电能同时达到以上两种目的，这就是我们通常所说的“节能减排”。

在很多节能技术被利用的情况下，节约下来的燃料费往往能够和实行节能技术所消耗的研发费用和技术费用以及优化所有运行的费用相互抵消，甚至比实行节能减排技术之前所消耗的资金还要少。

二、使用低碳燃料发电

与传统火电机组相比，天然气发电的单位电能 CO_2 排放可降低 50% ~

60%。在经济性的领域，燃气发电装置的单位投资和常规火电机组差别不是很大，相比较而言，由于气的价格比较高，而且燃烧的时间也比较短，所以，气电的成本自然也就比较高，即使如此，在一些经济比较发达的城市和地区，这种高成本的做法依然能够被当地人接受。

众所周知，中国的资源分布状况是煤多、油少、气少，天然气资源匮乏，“巧妇难为无米之炊”，资源量不足是我国发展低碳燃料的非常大的困难。为解决这个问题我国就要采取办法获得稳定的天然气供应，或者开发和利用成本低、污染小的新气源。而在未来能否做到这些，在一定程度上决定了低碳燃料的发电能否被大规模的使用。不过，从近几年看，中国的天然气探测和生产形势还是比较好的。

三、CO_2捕获与封存技术

目前，国内有几座小型煤粉电站已将CO_2捕获示范装置投入运行，这些小型示范装置基本验证了CO_2捕获流程的可行性。但是很显然的是，由于CO_2捕获与封存需要高能耗与高成本，因此，此技术还不能够大规模地推广和应用，为使CO_2捕获与封存在技术上更加成熟，减少其在减排过程中的能耗和成本，我们需要加强对CO_2捕获与封存技术的科技投入与深入研究。

四、可再生能源发电技术

可再生能源发电技术主要包括水电、太阳能发电、海洋能发电、生物质发电等。

由于绝大多数可再生能源在发电过程中基本不产生CO_2排放，而只在设备、耗材制造的过程中才会产生一些CO_2，因此，可再生能源的发电形式可以说是CO_2近零排放发电方式。

（一）水电

水电所需资源易获取，发电产出量大，从装机容量和发电量上看，水电是仅次于火电的第二大发电方式。

（二）太阳能电

太阳能光伏发电一开始只在边远地区投入操作，现在已经开始走向城市，目前正向并网发电、分布式发电和燃煤发电厂耦合集成等方向发展。

（三）生物质电

近些年来，生物质发电得到迅速发展，其发电成本不高，但目前我国在生物质发电投入操作的过程中，在核心设备制造、生物质收集以及资源存在一些限制和障碍。

（四）海洋能发电

海洋能发电以绿藻为原料来制取合成原料，是一种非常具有发展前景的生物质利用技术，该技术不仅能够实现生物固碳，还能提供绿色燃料。除此之外，还能够大大促进我国碳减排战略的实施，提升我国能源安全。目前，该技术仍处于研发阶段，相信在不久的将来，随着科学技术水平的不断提高，海洋能发电时代终会到来。

第四节　基于目标规划模型的碳减排成本估算实践分析

一、模型假设

本案例以一定时间内的投入产出关系为出发点来建立汽车行业CO_2减排成本估算模型。为简化设计，需要设立一些扩大投入产出的基本假设，以使模型在一定时间上具有稳定性，其中随机因素不考虑在内。

（一）行业产品同质性假设

同质性假设，是假设不同于汽车行业的产品是不能替代汽车行业产品的。本假设包含三层含义：

第一层含义：每个行业只有一个相同的投入消耗结构。

第二层含义：归入某一行业内的所有产品在用途上可以相互替代。

第三层含义：不同行业所生产的产品之间不可相互替代。

（二）规模报酬假设

规模报酬也可以称为规模收益，指在技术水平和要素价格不变的条件下，当所有要素都按同一比例变动时，产量收益变动的状态。

该假设具有两层含义：

第一层含义：一个行业每生产一个单位的产出的所需要其他行业的投入是固定不变的。

第二层含义：一个行业每单位产出投入到其他行业的比例是固定不变的。

二、模型构建

（一）经济增长目标

模型中最大化 GDP，即 Z_{GDP}，表示行业内各部门增加值之和。

$$\max Z_{GDP} = \sum_{i=1}^{n} V_i \cdot X_i$$

式中：X_i——第 i 个部门的产出；

V_i——第 i 个部门的增加值系数。

（二）CO_2排放目标

最小化 CO_2排放量，即表示行业内各部门 CO_2排放之和，且由于汽车行业的特殊性，其 CO_2排放量中包含汽车产品在使用过程中排放的 CO_2数值。

$$\min Z_{CO_2} = \sum_{i=1}^{n} P_i \cdot X_i + \sum_{i=1}^{n} R_i \cdot Y_i$$

式中：P_i——第 i 个部门的 CO_2 排放系数；

n——为部门总数，由于包括摩托车、整车、以及零部件三个汽车行业部门，因此，$n=3$；

R_i——部门产出产品（K）在使用过程中作为运输工具消耗 CO_2的排放系数。

（三）动态投入产出平衡约束

汽车行业发展的社会环境是动态的，我们知道，社会上的各行业是相互联系、相互依存的，因此，没有一个行业能够脱离其他行业单独存在。如果单纯地依靠理论分析就在现实中加大对目标行业的投入，而抑制其他行业的发展，那么，就存在加大投入的行业由于缺乏其他行业的支持也无法发展壮大的可能性，这样一来，造成了资源浪费的状况。

本研究在前人分析的基础上进行动态改进，以期估算水准更为准确。公式如下：

$$\sum_{i=1}^{n} X_i(t) = \sum_{i=1}^{n} a_{ij} X_i(t) + \sum_{i=1}^{n} b_{ij}[X_i(t+1) - X_i(t)] + Y_c(t) + Y_e(t)$$

式中：$X_i(t)$——t 期第 i 个部门的产出；

a_{ij}——投入产出消耗系数；

b_{ij}——t 期投资系数；

$Y_c(t)$——计算期的最终消费向量；

$Y_e(t)$——计算期的净出口列向量。

（四）消费需求约束

行业生产最基本的要求是能够满足消费者的消费需求。显然，满足消费者基本消费需求也应是减排优化中产出的基础。下列公式表示的经济含义是社会上流通的产品需要满足最终的消费。

$$(1-s_t)\left[\sum_{i=1}^{n}X_i(t)-\sum_{i=1}^{n}a_{ij}X_i(t)\right]\geqslant Y_c(t)$$

式中：s_t——储蓄率。

第五节　基于投入产出模型的碳减排成本估算实践分析

本节为了更好地分析投入产出模型的碳排放成本估算，以上海市火电行业投入产出为模型。

本案例以产出距离函数的方法对19家上海火电企业进行调研后构建了上海市火电行业的碳减排成本曲线。与大多数碳减排成本研究有区别的是，经过调查研究，本案例获得了珍贵的第一手资料，以微观的厂际数据为依托，分析行业减排成本。

本案例对上海市火电企业进行了调查研究，通过一系列的走访和电邮、电话等方式获得了很多火力发电厂的生产数据。从这些火力发电厂的生产数据中我们不难发现，本次参与调查的所有火力发电厂占全市火力发电量的85%左右，而对这19家火力发电厂的研究对于描述上海市整个火力发电行业具有典型的代表性。

本案例运用产出距离函数的方法估计减排成本，将生产的主产品电能定义为“好产品”，副产品即CO_2定义为“坏产品”。产出距离函数把生产过程中的“好商品”和“坏商品”都考虑到了模型之中，其最大的优势是对数据的要求相对较低。根据模型设定，估计上海火电行业的CO_2估减排成本，上海火电行业的减排成本五个方面的数据，包括原材料、人力资源、资本存量、产出和CO_2排放。

假设一个公司采用一种生产技术，需要$x\in R_+^N$的投入来产出$y\in R_+^M$。在产出集中，一个子集$y\in R_+^D$被定义为“好产品”；而另一个子集，$b\in R_+^U$被定义为“坏产品”。此外，引入一个凸的、有界的闭集合P（x）来描述所有可能的产出。

那么，我们可将产出距离函数定义为：

$$D_0(x, y + ag_{y'}b - ag_{b'}g_{y'} - g_b) = D_0(x, y, b, g_{y'} - g_b) - a,\ a \in R$$

产生距离函数的值在一定程度上能够反映企业的生产效率。如果，$D_0(x, y, b, g_{y'} - g_b) = 0$ 可以说这个企业在（$g_{y'} - g_b$）方向上是有效率的；如果 $D_0 > 0$，则可说明在一定程度上企业在该方向上是没有效率的。

计算坏产品影子价格的方法，其方程式可以表示为

$$P_b = P_y\left[\frac{\partial D_0}{\partial b}\bigg/\frac{\partial D_0}{\partial y}\right]$$

式中：$P_yP_bP_b$——坏产品的影子价格；

P_y——好产品的市场价格；

y——好产品的产量；

b——坏产品的产量；

$\frac{\partial D_0}{\partial b}$，$\frac{\partial D_0}{\partial y}$——产出距离函数对于好产品、坏产品产量的一阶编导。

各火电厂煤耗情况见表6－5－1：

表6－5－1　各火电厂煤耗情况

厂名	发电量（万 kWh）	煤耗系数（k9/kWh）	估计碳排放（万 t）
漕泾	179 888	0.406	182.75
崇明	127 344	0.445	141.56
奉贤燃机	16 949	1.607	68.08
浦城热电	11 946	0.733	21.90
青浦	9 549	0.627	14.97
石二厂	795 691	0.354	704.77
石燃电厂	53 293	0.626	83.40
石一厂	699 040	0.346	604.24
外二厂	1 180 777	0.312	920.84
外一厂	745 198	0.356	664.10
威钢	43 157	0.398	42.98
吴二厂	747 993	0.356	665.24
吴泾热电	189 562	0.404	191.52
星火	14 283	0.670	23.93
闸燃	98 301	0.591	145.24
长兴	12 947	0.680	22.03
宝钢	869 105	0.349	758.69
闵行	451 675	0.383	431.93
杨厂	183 580	0.458	210.34

模型首先通过最优化问题对产出距离函数中的α，β，γ等参数进行估算，然后利用坏产品影子价格的计算公式计算出各个电厂的减排成本估计，其计算结果如表6-5-2所示。

表6-5-2　各火电厂减排成本估计

厂名	CO_2 减排成本（元/t）	厂名	CO_2 减排成本（元/t）
漕泾	100.9	石一厂	98.7
崇明	75.1	外二厂	471.3
奉贤燃机	348.2	外一厂	175
浦城热电	222	威钢	30
青浦	32.3	吴二厂	260.6
石二厂	269.3	吴泾热电	29.4
石燃电厂	193	星火	22.4
闸燃	130.3	杨厂	110.4
宝钢	230.9	长兴	158.9
闵行	245.5	平均	234.2

利用以上数据，我们可以对上海火电行业的CO_2减排成本曲线进行描绘，在将各大火电厂按照减排成本按照从小到大的顺序排列，并依据电厂的CO_2排放量来估计每个厂家在CO_2影子价格下的减排潜力，得到如图6-5-1所示的行业减排成本曲线。

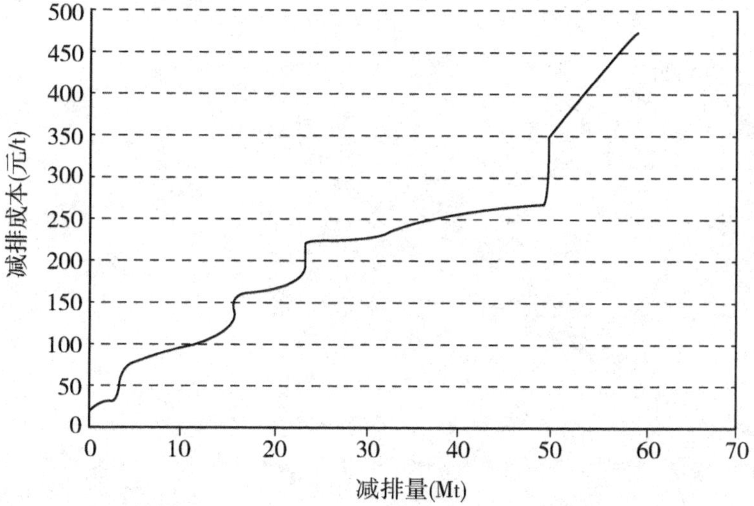

图6-5-1　火电行业的碳减排成本曲线

从本案例看，平均而言，上海市火电行业的CO_2减排成本为234.2元/t。而先前学者估计的全国工业行业CO_2减排成本中电力行业为100元/t，这就与本案例有很大差别。出现这一差别的主要原因是与全国平均水准相比，上海市率先引入了节能减排机制，发电效率也较高。从成本上看就显示为相对高的减排成本。

参考文献

[1] 刘湘礼，王苹香．成本会计实务与案例 [M]．北京：北京大学出版社，2012.

[2] 中国注册会计师协会．财务成本管理 [M]．北京：中国财政经济出版社，2013.

[3] 欧阳清，万寿义．成本会计 [M]．大连：东北财经大学出版社，2002.

[4] （美）查尔斯·T. 亨格瑞，斯坎特·M. 达塔．成本会计：以管理为重心 [M]．第 12 版．北京：中国人民大学出版社，2007.

[5] James M Reeve. Readings and Issues in Cost Management [M]．大连：东北财经大学出版社，1998.

[6] 欧阳清．成本会计学（第 2 版） [M]．大连：东北财经大学出版社，2001.

[7] 葛家澍，林志军．现代西方会计理论 [M]．第 3 版．福建：厦门大学出版社，2011.

[8] （美）米切尔·马赫．成本会计 [M]．姚梅鑫等，译．北京：机械工业出版社，1999.

[9] 王文钧．西方成本会计 [M]．上海：立信会计出版社，2001.

[10] 肖慧霞，盛碧荷．成本会计 [M]．上海：立信会计出版社，2012.

[11] 乐艳芬，冯兆中，杨忠莲，等．成本会计 [M]．第 4 版．上海：上海财经大学出版社，2012.

[12] 郭晓丹．基于环境 DEA 方法的碳减排绩效评价 [D]．合肥：中国科学技术大学，2011.

[13] 于富生，王俊生．张敏．成本会计学 [M]．第 6 版．北京：中国人民大学出版社，2012.

[14] 赵桂娟，王伶．成本会计学——有效管理的工具 [M]．第 3 版．北京：机械工业出版社，2012.

[15] 佚名．美国沃尔玛连锁成功之路 [J]．企业导报，2001（1）.

[16] 曾繁荣，张波．成本会计 [M]．大连：东北财经大学出版社，2009.

[17] 余绪缨，胡玉明．会计大典第5卷：管理会计［M］．北京：中国财政经济出版社，1999.
[18] 邓朝晖，许庆高，胡桂兰．成本会计［M］．北京：科学出版社，2012.
[19] 欧阳清，杨雄胜，栾甫贵．会计大典第4卷成本会计［M］．北京：中国财政经济出版社，1999.
[20] 甘兆志．成本会计［M］．上海：上海财经大学出版社，2007.
[21] 万寿义．成本会计［M］．大连：东北财经大学出版社，2011.
[22] 谢万健，邹香．成本会计教程［M］．北京：中国传媒大学出版社，2013.
[23] 乐艳芬，冯兆中，杨忠莲，等．成本会计习题集［M］．第4版．上海：上海财经大学出版社，2012.
[24] 崔建华．应对反倾销的成本核算研究［M］．北京：经济科学出版社，2013.
[25] 祁怀锦，刘红霞．成本会计学［M］．北京：经济科学出版社，2008.
[26] 毛闻远，郑佳仁，陈燕萍．工业部门的减排成本分析［J］．商场现代化，2012.
[27] 陈良华，韩静．成本会计［M］．大连：东北财经大学出版社，2008.
[28] 韩一杰，刘秀丽．基于超效率DEA模型的中国各地区钢铁行业能源效率及节能减排潜力分析［J］．系统科学与数学，2011（3）
[29] 罗小兰，唐海军．成本会计实务［M］．北京：中国传媒大学出版社，2012.
[30]（日）溥口一雄著，隗治国译．最新例解成本核算［M］．沈阳：辽宁人民出版社，1985.